教育创新文丛

北京名校长好声音

郑超 主编

校

长

四川教育出版社

图书在版编目（CIP）数据

北京名校长好声音 / 郑超主编. — 成都：四川教育出版社，2023.4
（教育创新文丛）
ISBN 978-7-5408-8423-9

Ⅰ.①北… Ⅱ.①郑… Ⅲ.①校长－学校管理 Ⅳ.①G471.2

中国国家版本馆CIP数据核字（2023）第050416号

教育创新文丛 北京名校长好声音

JIAOYU CHUANGXIN WENCONG BEIJING MING XIAOZHANG HAO SHENGYIN

郑超　主编

出 品 人　雷 华
责任编辑　杨 越　罗 丹
封面设计　冯军辉
责任校对　吴贵启
责任印制　高 怡
出版发行　四川教育出版社
　　　　　地　　址　四川省成都市锦江区三色路238号1栋1单元
　　　　　邮政编码　610023
　　　　　网　　址　www.chuanjiaoshe.com
印　　刷　河北鑫彩博图印刷有限公司
版　　次　2023年4月第1版
印　　次　2023年5月第1次印刷
成品规格　185 mm × 260 mm
印　　张　12
字　　数　308千字
书　　号　ISBN 978-7-5408-8423-9
定　　价　58.00元

如发现质量问题，请与本社联系。总编室电话：（028）86365120
北京分社营销电话：（010）67692165　北京分社编辑中心电话：（010）67692156

教师个性的教育力量，就在于和取决于他身上把教书和育人有机结合的程度如何。如果我们说，学校用知识进行教育，那么，知识的教育力量首先就在于教师的个性。

——B. A. 苏霍姆林斯基

北京教育的一束光

教育之所以牵动千家万户，是因为教育是衡量家庭和社会是否幸福的指数之一。教育永远都是一束光，任何教育改革，任何课堂模式的调整，任何教育格局的变动，都备受关注。

无论教育出现什么新的概念，无论学生在什么情境中学习，目标都是定位美好的未来。教育是一束光，照亮全体；教育是一束光，照亮未来；教育是一束光，让每一位师生都能感受到温暖。

如今，教育生态发生了前所未有的变局，教育的每一寸土壤正循序渐进地融入其中。在教育生态的变局中，北京没有特殊性。北京教育界深刻理解教育生态变局，学校的课堂时刻都在应对之中。

北京市"十四五"时期教育改革和发展规划（2021—2025年）明确指出，首都教育在率先实现教育现代化的基础上，要全面开启建设高质量教育体系和高水平教育现代化的新阶段。到2025年，全面构建首都高质量教育体系，实现更高水平、更具影响力的教育现代化，培养具有家国情怀、首都气派、国际视野、创新精神的高素质人才，努力让每个孩子都享有公平而有质量的教育，让每个学习者都有人生出彩的机会。

在构建高质量教育体系这个背景下，我们策划了"教育创新文丛"系列丛书。立足现代教育理念，解析最新教育政策，注重新理论研究，强调实践运用，将成熟的研究和实践成果汇集成书，从多层面体现教育人的思考，如何立德树人，培养德智体美劳全面发展的社会主义建设者和接班人，加快建设高质量教育体系，是这套丛书的宗旨。

丛书首批推出《北京名校长好声音》《北京榜样教师好声音》《北京市中小

学素质教育研究成果集》，后续还将推出更多优秀的理论研究和实践成果集。《北京名校长好声音》的主要内容，是北京基础教育领域40余位校长关于学校教育理念、学校管理、课程体系、校园文化等方面的研究和思考；《北京榜样老师好声音》则是北京基础教育领域一线60余位优秀学科任课教师以教案为基础的课堂教学实践案例；《北京市中小学素质教育研究成果集》的内容是北京基础教育领域一线学科教师课堂教学的案例和校长对学校落实"双减"政策的思考。

丛书虽然并不能涵盖构建首都高质量教育体系全貌，但它们各自从不同侧面展示了北京教育的内涵和北京教育的实力。其作者均是从"教育头条"品牌活动中评选出来的名校长和一线榜样教师，获得过多项荣誉。他们实践经验丰富，撰写内容专业。因此，丛书有很好的示范和参考作用。

希望丛书能凝聚成一束光，不仅照亮北京教育，也能照亮教育的方方面面，让教育界同人有所获，有所悟。这正是我们编选这套丛书的初衷。

"教育头条"总编辑　郑超

北京高质量教育体系领行者之音

如何全面贯彻立德树人的教育根本任务，培养德智体美劳全面发展的社会主义建设者和接班人，加快建设高质量教育体系，校长是践行者和领行者，起到至关重要的作用。

《教育创新文丛——北京名校长好声音》主要内容，是北京基础教育领域40余位校长关于学校教育理念、学校管理、课程体系、校园文化等方面的研究和思考，具有很强的理论性和实践性，从一个侧面反映了北京基础教育的面貌，有一定的参考价值。

来自北京基础教育领域的40余位校长有一个共同的特点——长期耕耘在基础教育领域，都十分有教育情怀。教育情怀是从基础教育构建高质量教育体系的内动力。正如人大附中经开学校（以下简称"人开学校"）校长王教凯所说："因为有教育梦想，有教育情怀，想办一所自己理想中的学校，六年前我离开人大附中，来到了人开学校，我也要向刘彭芝校长学习——人生为一大事来，和我的老师们一起努力，一起为改变中国教育而上下求索。"

办学理念是体现学校贯彻立德树人宗旨、发展方向和高质量教育体系的重要举措。北京市第十九中学高新桥说，"为每一个孩子的幸福人生奠基"是学校的办学理念，因为教育是面向全体的培养，讲究因材施教，更讲究因势利导，每个孩子都有自己的成长时空，面向全体也是面向每一个。每一所学校的办学理念是不同的，但宗旨是一致的，即全面贯彻立德树人宗旨。

课堂和课程体系是学校核心发展的生命线。课堂和课程体系也是建立高质量教育体系的充分必要条件。人大附中航天城学校周建华校长说，一所优质学校，必然以一套优质课程为内核；建设一所优质学校，必然要建设一套优质课程。

"双减"之后，学校如何落实，是基础教育领域普遍面临的新课题，也是构建高质量教育体系的方法论。北京市朝阳区教育研究中心附属小学王薏校长认为，"双减"之后的学校呈现出了不同的教育面貌，学生的实际获得感在不断增强。

　　校园文化，是构建高质量教育体系的核心竞争力。北京市第十八中学校长管杰提及，文化是教育集团的核心竞争力，是集团化办学的生命力所在。集团化办学要建立文化实现机制，以文化实现集团管理。但教育集团规模大、成员多，有多种文化因子并存，集团文化建设的实现策略和能力要求更高，在实践中操作的难度更大。

　　《教育创新文丛——北京名校长好声音》的每一篇文章字数不多，一般在3000字左右，但容量很大，透露北京基础教育成就的信息量很大，希望这本书能成为教育界同人关注的焦点，为构建高质量教育体系贡献自己的力量。

"教育头条"总经理　王刚

目　录

用德育滋养童心

道德在社会生活中具有认知、调控、评价和教育的功能，对人与社会的和谐、可持续发展发挥着至关重要的作用。

中国共产党第十八次代表大会提出"把立德树人作为教育的根本任务"，蕴含着党和国家"培养德智体美全面发展的社会主义建设者和接班人"的领导智慧，促使每名教育工作者始终深入思考和用心落实。立德树人强调把"立德"摆在第一位，是因为万事从做人开始。"立"意指培育和践行，"德"意味着中国特色社会主义的建设者要具备"人民至上"的情操，"树人"则是培养担当民族复兴大任的时代新人。

围绕着"如何塑造学生的品格，并使之成为符合社会道德要求的人？"这一自命题，陈经纶中学保利分校始终自觉实践探索着学生思想道德教育的方式和途径，形成了"实施做人德育，创建青春校园"的德育工作特色，从内容上可以概括为"全面的修养、坚定地爱国、快乐地学习和健康地成长"，以此转化说教多、实践少，灌输多、体验少的德育问题；优化知、情、意、行各环节的有机统一，激发学生自主发展的内驱力。

一、全面的修养

烘托"民主、文明和和谐"的学习成长氛围，学校倡导的学生全面的修养主要包括以下五个方面：

第一，具备良好的表达能力。包括口头表达、文字表达、数字表达、图示表达等，增强表达的准确性、鲜明性和生动性；

第二，完善社会交往能力。学生步入社会，能像一个社会活动家一样，要正确、有效地处理和协调好职业生活中人与人的各种关系；

第三，初具组织管理能力。学生能从全局的角度协调处理好未来工作管理的各个环节，有条不紊，具备一定的领导能力；

第四，做出正确决断的能力。良好的决断能力可以实现对是非和立场的正确把握；

第五，沉着解决问题的能力。

我们为学生构建了自主发展的平台，建立了以学生发展处为龙头、以年级为平台、以学生"自管自育"为主体、以定量评价为主要管理手段、以一日常规为主要内容的管理系统。充分发挥学生干部的主体性、积极性、创造性，每个班级设置学生干部管理岗位，在原来的团支书、团组委、团宣委组成的团委和班长、学习委员、生活委员、体育委员、文艺委员组成的班委的基础上，增加了科技委员、卫生委员、公物委员、信息委员、电教委员、图书委员、心理委员和爱心社长。

一类学生部委就是一类教育的学习标兵，成为学生群体中每个学科的推广者；一类学生部委就是一类教育的管理骨干，成为参与学校教育、教学、体育、科技、艺术和生活的管理者，加深了师生间、生生间和家校间的认同，在提升学生综合能力的同时，大幅度提升了学校的民主、文明和和谐程度。

倡导"平等、公正和法制"。我们把德育工作的实效性和感染力渗透于班集体，建设成"温馨的家"，引导学生思考如何持"家"有法、管"家"有序。学生们共识于上学出勤好、仪容仪表好、师生和谐好、公物维护好、教室整洁好、参加活动好、行为习惯好、课堂纪律好的规则，将自身置于集体之中，个人的行为直接关系集体的荣誉，学生认识到个人不仅要对自己负责，更要对集体负责。充分发挥班主任和学生干部的双主体作用，班主任负责评价体系的设计和信息的使用，学生干部负责体系的实施和信息的采集，体系的有效运作培养学生牢固树立心中有集体、心中有他人的意识和从规范做起的规则意识。

二、坚定地爱国

保利分校用以爱国主义为核心的民族精神和以改革创新为核心的时代精神鼓舞青少年，激发他们为实现中华民族伟大复兴而奋斗的热情。

首先，重视德育契机。各种传统节日、烈士纪念日、重大历史事件纪念日和革命领袖、民族英雄、杰出名人等历史人物的诞辰和逝世纪念日，以及未成年人的入团、18岁成人宣誓等都成了我们宝贵的德育契机。

其次，重视团组织建设。党领导团，团紧跟党；党重视团，团依靠党，这是加强基层组织建设、确保党的事业兴旺发达的重要原则，也是激活团组织活力的有效依据。在全面推进党团校工作的同时，我们还实行了党校优秀毕业生的跟踪工作，积极向大学党委推荐我校优秀的党校学员并进行跟踪式调查，研究青年成长需求。

最后，创设了"人生远足实践育人模式"。把人生比喻成远足实际上就是思考践行进一步提升德育工作实效性，让学生们的成长与国家发展紧密地结合在一起，确立自己的人生坐标，不断前行。"将读万卷书和行万里路两者有机结合起来，让学生在远足实践中，拓宽视野，逐步认识社会，主动规划人生，将个人的追求融入中华民族的伟大复兴事业当中，以天下为己任，树立远大志向。"学生们通过综合性社会实践活动，丰富自身的实际生活认知，历经"行走—修远—成志"为主要环节的体验教育。

按照活动的地域范围将"人生远足"课程划分为市内课程、省外课程和国外课程，分别确定了它们的课程主旨和目标，三种课程的理念和侧重点有所不同。如"走进南宫地热村""走进锦绣大地"等，让学生们感受党中央对"三农"问题的关注；"我到古都看殷墟""我到安阳看'天河'""参观红旗渠"等活动让学生亲历农业现代化和农村城市化的进程和伟大成果。一名学生写下了自己的感想："真正的美景不仅是在户外，更是在人的内心，传统文化的博大精深让我的灵魂得到慰藉。"

"人生远足"是一个道德认知的形成过程、道德情感的升华过程、道德实践的落实过程和人的社会化过程，实现了道德教育过程中知、情、意、行各个环节的有机统一。2021年，"人生远足实践育人模式"的相关课题获得了北京市基础教育教学成果二等奖。

三、快乐地学习

"科学本质上是解决问题的活动。"教师重视对知识产生过程的教学，尊重学生自己的思维和发现；尝试引导学生自己从教材中寻找出来，从生活中寻找出来，从已学会的知识中生成出来，从教材中归纳出来，从实验中总结出来；倡导"教法即学法"，引导学生完成学习任务。把握"课程多元性，学科和谐性，学习自主性"的教育过程，引领教师聚焦课程标准、聚焦有效课堂、聚焦教法学法、聚焦教学过程，做到常态优质和减负提质。

首先，课程多元性就是强调课程结构化的顶层设计，整合资源，构建起灵动多样的课程组群，更好地满足学生整体发展、主体发展、差异发展的需求。保利分校建构了"生命成长课程体系"。在人文与社会、语言与阅读、科技与创新、健康与阳光心理、艺术与审美五个板块的布局中，架构包括基础型课程（国家课程）、兴趣型课程（公共课程）、专长型课程（校本课程）和综合实践课程（社会课程）等不同层次的课程，满足学生全面发展的需要。

其次，学科和谐性就是提高教研组学科建设水平。一是打造高绩效的学科团队，从聚集合适人才、建立共同愿景、构建和谐的团队文化三个层面去思考"教育到底是什么？"的问题；二是学科间"红花绿叶"的配合与协同，涉及沟通机制、学生检测、质量共享；三是学科内部的设计与落实，特别是教师与学生的关系，从教师的"热爱学生、尊重学生、关心学生和帮助学生"有机过渡到"尊重老师、学习老师、质疑老师和超越老师"。

再次，学习自主性就是帮助学生转变对学习的看法，让学生体验到学习的乐趣。学生在学习过程中能够对学习进展和学习方法进行自我监控、自我反馈和自我调节，从"要我学"转变成"我要学"，加强五个环节的指导和评价：自我评估（认识、技能、态度），确定目标；制订计划，持之以恒；拓宽途径，自我充电；过程控制，调节情绪；总结盘点，评价比较。

最后，探索设计保利分校"1.3版"有效课堂评估，突出"学生、学科、学习"三个核心词的时效，根据6项指标和16个要素细化出29个课堂要点，各学科依据自己的学情，制订了评价实施标准，达到问题导引、互动紧密、素材丰富、例证恰当、回味至深的效果。保利课堂评价"1.3版"的出台应用，目的非常单纯，就是要"以评促教"提升教师的课程执行能力，让教师们无论经历多少教育改革都不失根基。

四、健康地成长

"诚信、友善"是公民基本道德规范，让学生友善地相处、健康地成长，有利于帮助学生形成社会主义的新型人际关系。

首先，注重活动的课程化，保障学生的持续参与和多元体验。特色主题性学科月与丰富多彩的活动为学生提供了个性化的选择。合唱、绘画、葫芦烫画、网球、棒球、轮滑、体操、篮球、足球、武术、朗诵、主持、书法、话剧、魔方、生态小农场、天文观察、辩论、指尖上的中国、法治沙龙、二十四节气等四十余门别开生面的课程化活动，给学生提供了丰富的成长资源。

其次，诗歌节、戏剧节、英语节、演讲比赛、汉字书写大赛、心理健康周、系列嘉年华、学生团（党）校、校园歌手大赛、跳蚤市场、主题文化周、经纶科技节、经纶合唱节已经成为学生展现自我的载体。

再次，尊重学生全面而富有个性的发展，创设了"百名标兵"评选为引领的综合素质评价体系。引领学生们认识"化蛹成蝶，生命绽放"应有的七种姿态：

或许你不是最聪明的，但你是最善于思考的一个——讲勤奋；

或许你现阶段的成绩不是最好的，但你是最努力的一个——重拼搏；

或许你跑得并不是最快的，但你却是跑到终点的一个——敢坚持；

或许你的力量不足以托起重物，但你却可以寻求帮助，并且是最用力托举的那一个——善合作；

或许你违反了学校的纪律，但事后你是最先主动讲明原委并寻求解决的——有诚信；

或许你欠缺特长和才艺，但你是积极参与并愿意和老师同学用心分享的——求改变；

或许你在同学中并不起眼，但你却是最相信和配合老师的教育的——谋发展。

最后，"讲勤奋、重拼搏、敢坚持、善合作、有诚信、求改变、谋发展"，是学校对每位学生提出的成长要求，并以此创设了"百名标兵表彰"机制，包括三大类内容：

第一类是综合表彰类，包括三好学生标兵、优秀干部标兵、优秀团员标兵。他们是我校德智体全面发展的最优秀的学生代表。

第二类是综合实践类，包括社会实践标兵、社区服务标兵、研究性学习标兵。他们是新课改思想的践行者，是社会实践、社区服务和研究性学习的积极参与者。

第三类是综合素质评价类，包含了六个方面，即思想道德标兵、学业发展标兵、合作交流标兵、运动健康标兵、审美表现标兵和特长发展标兵。由于特长发展的范围比较广，我们又将其分为体育特长标兵、艺术特长标兵、科技特长标兵、社团发展标兵四个方面。三大类十五项标兵的评选，激发学生"天生我材必有用"的自信心。

五、执着地引领

"人类社会发展的历史表明，对一个民族、一个国家来说，最持久、最深层的力量是全社会共同认可的核心价值观，它承载着一个民族、一个国家的精神追求，体现着一个社会评判是非曲直的价值标准。"保利分校将秉承初心，立德树人，找寻更适合学生进步的基点、成长的空间和发展的机遇，促进学生健康成长、全面发展，形成正确的思想观念。

本篇作者简介

于永强，陈经纶中学保利分校校长，在学校教育中坚持"管理和育人都能够触及师生心灵"的理念和实践。

坚持"五育"并举　做好课后育人

　　一个人的成长，需要有健康的体魄、才智、审美和实践能力。深入挖掘课后服务课程中所蕴含的丰富的教育内涵，可以更好地为学生成长提供路径。课后服务课程是学校教学过程的一个重要环节，是学生获取知识、形成能力、提升素养不可或缺的方式，是实施"五育"并举的重要载体，从重知识转向重育人，让课后服务课程发挥更大的育人作用。

　　垂杨柳中心小学劲松分校一校四址，有学生 2400 余人，教学班 72 个，教师 167 人，其中市、区级骨干教师 60 人。一直以来，学校注重学生全面发展，重视学校课程建设，并通过课程建设达成育人目标，在体育、艺术、科技等方面，都取得了优异成绩。

　　学校自 2013 年开始研究课后服务相关内容，把课后服务与学校的课程建设、学生的发展需求、教师的队伍建设等相关联，并尝试把校外资源引入课后服务课程中，以此促进学生的全面发展。通过多年的探究，学校在课后服务方面具备比较丰富的实践经验和比较坚实的研究基础。

　　随着 2019 年学校的资源整合，教师队伍、学生人数、学校规模和学校特色都发生了一定的变化。学校根据整合后的实际情况，重新对课后服务进行定位，尤其是"双减"政策的落实，对课后服务又提出了新的要求。因此，把课后服务作为学校课程建设的一部分，并通过课后服务课程建设，促进学校育人目标的达成，从而实现"五育"并举。这是我们研究课后服务课程建设的重点内容。

　　学校坚持以学生发展为本，进行"五育"并举育人功能的课后服务课程设计与实施的途径、内容、方法的研究。从坚持"五育"并举、全面发展素质教育、突出德育实效、提升智育水平、强化体育锻炼、增强美育熏陶、加强劳动教育等层面研究落实，发挥"五育"并举育人功能的课后服务课程设计与实施。积极回应家长和学生的需求，做好学生课后服务工作，努力帮助家长解决放学后接送学生的实际困难，为学生快乐健康成长提供良好条件和服务保障。

　　学校精心设计，具体思路和措施如下：

一、精心设置课后服务课程内容，促进学生全面发展

学校根据学生年龄特点与育人需求，从德智体美劳全面考虑，精心设计课后服务课程内容。比如，考虑低年级学生年龄小，为了更好地促进幼小衔接，设计的课程以游戏类、动手操作类为主。为了满足学生每天一小时的体育活动需要，同时突出学校作为全国青少年校园足球特色学校的特点，利用课后服务时间，为每个班每周开设一节足球特色课程，保证每天一节体育课。为了提升学生参与体育的兴趣，学校每月开展一项校园吉尼斯挑战活动；为了培养学生良好的劳动习惯，每周安排一次大扫除，并进行全校评比；每学期去一次校外劳动基地，体验农耕文化；家庭设置劳动岗，让孩子从小培养劳动习惯。每个年级有两个科技特色班，每周开展一次科技课程；每个年级有两三个班学习非遗课程，传承并弘扬中华优秀传统文化……

二、进行社团课程的梯队建设，发展学生特长

学校以班为单位成立社团，72 个班分别成立不同社团，每个班每周至少参加 1 次体育社团，外加艺术或科技 2 个社团，分别由本校教师与外聘教师进行课程教学。每个学生都参与到社团课程当中，不同的班级具有不同的特色，不同的学生具有不同的特长，发现特长学生就将其纳入特色社团，促进每一名学生的个性发展。

学校在构建课后服务课程体系建设的过程中，不断加强体育、艺术、科技三方面的课后社团建设，在安排每一个年级、每一个社团的过程中，都会依据学生的需求、年龄的特点、社团的特色等方面精心策划。学校充分利用课后服务课程，外聘高端专业教师，进一步建设品牌社团，壮大社团的规模，提高社团的水平，发展学生特长。

三、社团活动内容与学校传统文化的主题相结合

学校将传统文化课程安排进课后服务中，进行传统文化学习与教育。学校邀请非遗传承人走进学校，开展毛猴、面人、篆刻、彩粽、风筝、陶笛等项目教学，传承中华优秀传统文化；结合学校"每月一节"活动，充分挖掘二十四节气与传统节日的文化内涵，把劳动教育、尊老孝亲教育、美感教育融合在课后服务课程中。同时，学校积极开展丰富多彩的实践课程，如谷雨节气开展"耕地、播种"课程，秋分节气体验收获课程，清明节气带学生走进民俗博物馆开展击鼓传

柳、放风筝、画兔爷活动，农历九月初九学生们走进敬老院为老人服务，为家人做节气美食，等等。传统文化课程的开展，增强了学生对传统文化的认同感和归属感，激发传承传统文化的愿望，培养学生的家国情怀。

四、将优质校外资源引进学校教育

近几年来，随着课程改革的不断深入，当今的课程形态已经演变成以社会为中心、以"无边界的教育"为理念，"课堂、学校、社会"三者的边界日益模糊，校外场馆成为课程实施的重要空间领域。因此，我们在课后服务课程中，积极引进校外资源，为学生成长服务。

引进人力资源——为确保课后服务活动开展有实效，学校引入社会人力资源参与课后服务课程，既有经验丰富的各类教师，又有相关专家、教练。如请来中国人民公安大学教授为学生们讲授预防校园欺凌课程；请来国防教育讲师为学生们讲授国防知识，对学生开展综合素质拓展类课程；请来北京市金帆艺术团（以下简称"金帆团"）艺术类专家、体育类金牌教练、科技类专家，提升学校精品社团水平。同时大力挖掘家长资源，引入学校课后服务课程。如请在银行工作的家长给学生们讲预防网络诈骗，请在海关工作的家长进行预防走私法制宣传……家校协同，助力学生成长。

引进场地资源——学校深入挖掘社会资源，把博物馆、少年宫、科技馆、劳动基地、养老院、社区等作为学生开展课后服务的有利资源。走进博物馆进行研学活动，培养学生遵守社会规则的意识；走进北京市少年宫，共同研发综合课程；走进科技馆，开展科技活动。疫情期间，科技馆还把展览办到学校，为学生服务；走进养老院、社区开展志愿服务。这为全面培养学生提供了有力帮助。

学校精心设计，课后服务课程体系建设取得了喜人成果，主要表现在：

（一）学生的道德品质和综合素养不断提升

学生在校外遵守社会规则，不大声喧哗，不乱扔垃圾，文明乘车；在校内学会整理收纳自己的物品，帮助低年级同学做力所能及的事；在家里学会帮助家人做家务，成为家长的小助手；在社区打扫楼门、捡拾垃圾，参与垃圾分类值守活动，做社区小小志愿者……学生们懂得感恩，学会与人、与自然和谐相处。课后服务课程在学生心中烙上价值的标准，牢记文明的使命，最终落实于知行合一。

（二）课后服务社团活动丰富多彩

随着课后服务特色社团课程的深入开展，其效果愈加明显，达到了提高学生体质体能水平、促进学生艺术素质提升、增强创新与实践能力的目的，从而更好地助推学生的全面发展、特长发展。

一方面，学校充分利用课后服务课程的校外资源外聘美术、硬笔书法、折纸、科技、绘画、体育等教师进校园开展丰富的课后服务课程；另一方面，充分利用校内教师资源开办合唱、舞蹈、书画、篆刻、管乐等艺术社团，发展学生艺术特长。其中舞蹈、管乐社团开办者为北京市金帆艺术团。三年来，舞蹈、管乐社团分别两次获得北京市艺术节金帆团组金奖，舞蹈社团还获全国舞蹈比赛一等奖并参加北京冬奥开幕式表演，管乐社团也参加了全国艺术展演比赛；书画、篆刻、合唱社团开办者为朝阳区朝花、朝韵社团，学生的艺术素养全面提升。学校是全国青少年校园足球特色学校、北京市冰雪运动特色学校，我校的花样跳绳和健美操多次在市、区获奖，学生体质健康优秀率逐年提升。学生的科技创新能力不断提升，多次在市、区各项科技比赛中获奖。学校的机器人社团是朝阳区朝英科技社团，学校被评为北京市中小学科技教育示范学校。

（三）教师专业素养迅速提升

在课后服务课程的实施过程中，教师们通过与外聘专家共同培养学生，促进自身的专业发展。在外聘专家的带领下，教师队伍的整体业务素养迅速提升，学校现有市、区级艺术类骨干教师8人，区级体育类骨干教师9人，区级科技类骨干教师4人。

"双减"在"减"的同时，还要有"增"。减去不适当的负担，增加丰富的课程内容，深化教育内涵，促进学生全面发展和教育高质量发展，实现减负增效，同时落实立德树人根本任务。只有把学生放在教育的中心，把课后服务与能力、课后服务与教育、课后服务与学生的全面发展联系在一起，真正做到多途径落实并行之有效，才能为学生发展起到助推作用。

······ 本篇作者简介 ······

马守凤，北京市朝阳区垂杨柳中心小学劲松分校校长。

用爱润泽心灵　以德立己达人

　　从大学毕业就投身基础教育事业，走过了 31 年的风雨历程，从一名年轻教师到如今的校长，可以说遍历了中学各个教育教学岗位，对基础教育有着丰富的教育体验。让我体悟最深的事业幸福秘诀是"用爱润泽心灵，以德立己达人"。这让我牢记教育初心，立足教育实际需求，从自身教育行为出发，把学生培养成社会主义事业建设者和接班人。下面谈谈自己的一些教育体验，与同人分享交流。

一、以育人为己任，躬耕教学一线

　　作为教育工作者，忠诚于党的教育事业是我前进的基石，从事基础教育事业，必须坚定不移地走一条执着追求的耕耘之路。刚毕业的我来到北京八一学校，成为一名学科教师，我一方面走到学生中间与他们畅谈青春梦想，更好地了解学情；另一方面钻研业务，请教前辈，很快成为一名学生喜欢、学科功底过硬的学科教师。之后，我用心爱生，以德育人，成为年轻的优秀班主任。一路走来，我先后在年级组长、主任、副校长、党委书记等岗位上历练成长。看到农村落后的教育现状，我主动请缨投身北京科迪实验学校的发展，深耕 6 年，终于将其建设成了一所优质的农村校，成为名校办民校的典范。

　　基础教育的教育对象都是心智在不断发展变化中的未成年人，他们需要关心，需要温暖。以仁爱之心，耐心陪伴学生们成长，是我对教育事业矢志不渝的承诺。多年来，国家、社会也不断馈赠我各项荣誉。在这些荣誉背后，我深知教育嘱托的厚重，告诫自己决不能辜负社区百姓的嘱托和期待。

二、践行先进理念，探索育人模式变革

　　2016 年 1 月，身为海淀教师进修学校党委书记的我，在承担着进修学校党建主体责任的同时接受组织安排，来到北京科技大学附属中学担任校长，在校长轮岗和推动海淀教育优质均衡发展方面先行一步。来到学校后，我守正鼎新，砥

砺前行，以"己欲立而立人，己欲达而达人"的信念，推动学校领导力的建设。有人常说，校长领导力是学校领导力建设的灵魂。作为校长，我体会最深的是"君子务本，本立而道生"。为此，我对自己和班子成员提出了从行政管理走向专业引领的管理要求，各位干部积极投身学校各项教育、教学活动中，协同教师开展教学实践研究，陪伴学生成长。在我看来，只有扎根教学一线，才能了解实情，同甘共苦，身正示范，凝聚全体教职员工的智慧，共谋教育事业发展。

作为校长，学校领导力建设要从我做起，从班子团队做起。

首先，目标清晰，明确学校的发展方向，知道领导力之旅走向何方。我带领班子成员开展全员参与的学校发展现状分析，凝聚共识，形成"建设一所百姓身边的爱润心灵新品牌学校"的发展愿景。以此为引领，研制学校五年发展规划，建立现代化的学校管理制度，提升学校的领导力，保证落地实施的执行力。

其次，践行理念，我以"为政以德，譬如北辰，居其所而众星拱之"与班子成员共勉。各部门领导成员从年级组、教研组、备课组等多方位投身年级教育和教学活动。团队成员身临不同领域，在实践中学习，从体验中反思，以专业的体悟、感同身受的视角，在自身管理工作中自省、自律、自责、克己。同时，我善待教师，协同解决问题；陪伴学生，化解成长困惑。"以德施政"，用自身的道德行为去教育和感化老师，得到了教师的认可和学生的肯定。

励精图治，学校发展得到各级领导的肯定，得到社区百姓的赞誉。2020年，北京科技大学附属中学成为海淀区新品牌学校，2021年高考成绩达到学校办学历史最高水平。

三、实施课程领导力，促学校内涵发展

作为一校之长，我时刻牢记教育初心，用爱点亮学生梦想，将学校建成爱润心灵的"大家庭"，使师生感受到来自大家庭的温暖和力量，使人人都有归属感，而实现这些的根本在课程。对学校而言，课程改变了，学校就会改变；课程有特色了，学校就会有特色。课程是育人的，好课程是为每一位学生设计的。

我来学校之初，带领干部团队，整合校内外资源，激发教师参与课程建设的主体意识，凝聚课程领导力和执行力，建成了"五育"融合的"鼎新"课程体系，凸显了"人文奠基，工程见长"的育人特色。

课程领导力不仅是对学校课程改革和课程规划、课程建设、课程实施与课程评价等的领导，更应该关注在推进学校变革和发展过程中，不断提升广大教师的课程意识、课程建设和课程校本化实施的执行能力。学校课程管理，多管齐下，

确保新课程、新教材校本实施直指学生学科核心素养的发展。

学校课程建设和实施从三个层面着力：一是建立学校课程指导委员会，依据课程标准，进行学校课程的顶层设计、整体规划、实施管理；二是建立学科研究共同体，开展学科课程建设和实施研究；三是依托学科备课，进行课堂教学实践研究。在有序的实践研究中，凝聚不同团队和个人的执行力，形成课程建设合力。

2018 年，学校课程整体育人效果显著，被评为"北京市基础教育课程建设先进单位"；同年 11 月成功举办了"北京市中小学课程整体育人交流研讨会"，特色课程育人成果丰硕。作为"北京市中小学科技教育示范学校"，学校已经走过 27 年的发展历程；学校通过了 3 次"全国文明单位"复审，是北京市唯一一所荣膺"全国文明单位"称号的中学。

四、以"有教无类"共勉，心怀每个学生

我们始终秉承情怀育人的理念，我常常对教师们说："教师的职业魅力和幸福在于我们拥有一群个性多彩的孩子，尊重孩子们的差异，有教无类，使他们在各自的发展水平上各得其所、各美其美。我们要以课程为载体，遵循成长规律，陪伴学生，唤醒成长智慧。"

学校从"阅读"开始，唤醒学生智慧，传承红色基因。加强"人文与社会课程"的整体建设，开设晨读课程和经典阅读课程，让学生代表参与学校图书馆的购书活动，以图书馆为中心建立学生身边的"书屋""书吧"和"书台"，让学生可以随手拿书，随时随地看书。

"一本好书可以影响人的一生。"阅读不仅是立德树人的途径之一，而且还可以使学生将课内学到的知识融汇到课外阅读的知识中，相得益彰，形成丰富立体的知识体系。近年来，学校积极举办辩论、朗诵、诗词吟唱等主题活动，组织学生参加北京市的朗读竞赛和作文比赛，共有 347 人次获奖，其中有 79 人次获一等奖。

学校在海淀区率先设立"道德学堂"，开设必修课程，由班主任、家长、学生共同设计课程内容，激励学生熟读文化经典，分享经典体悟，传播道德故事，引导学生行"孝"爱父母、行"尊"爱老师、行"悌"爱同学、尽"忠"爱国家。用优秀文化化解成长困惑，促进家校合作与沟通，营造和谐班级文化。考上北京外国语大学的牛仲琪同学深有体会，他谈到，母校的道德学堂使他沁润优秀传统文化，践行文化；他曾在母校的"五四表彰"中荣获"道德模范"称号，在

遵守班级纪律方面发挥带头作用，生活上尽己所能帮助同学，并成为老师的得力助手，高考考出了理想的好成绩，他跟我说"高考考出了我在学习生活中的真实体验"。

作为北京"1＋3"项目试点校，学校设立"1＋3"项目试验班，开设了四年一体贯通培养的课程。已经考入北京理工大学的方辰同学，非常擅长机器人项目探究，他说道："母校的课程是立体的，是丰富的，是强有力的。只要愿意努力付出，科大附中就不会辜负你的期望。"

从初中"军事科技"班到高中的"鼎新"班，经过初高中一体化培养、考入中国国防科技大学成为真正军人的任书昊同学，在学校六十年校庆之际发来这样的微信："母校的栽培，课程的陪伴，让我在一次次摸索与突破中认识自我、获得自信，我相信母校给予我的，会让我变得更加优秀。"

童帆同学不仅学习好，而且对足球情有独钟。学校开设足球课程，聘请外籍教练，这让他如鱼得水，获得"国家二级运动员"的荣誉称号。现在已经成为同济大学足球队主力的童帆同学这样评价母校："母校的足球课程成就了我的爱好，足球成为我的一技之长，由此我进入海淀区足球队，继而进入北京青年足球队，足球成为激发我全面发展的动力。"

为落实"双减"，做好课后服务，学校增设足球、篮球、无线电测向等多门校本体育课程。学校进一步重新规划空间布局，建设冰球馆，开设滑冰、冰球、冰壶等校本课程，并将课程辐射推广到周边小学。学校冰雪运动成为育人特色之一，拥有了自己的冰球队，学生们置身于充满冰雪特色的校园中，成为"带动三亿人参与冰雪运动"的践行者和推动者！

学校以爱陪伴学生，体现在细微之处。课程助力学生兴趣特长和个性发展，每学期都会为有特长的学生举行专场展示。例如，王楠同学的二胡专场音乐会，金美恩同学的个人才艺专场展示会，焦月樵同学的笛子专场个人演奏会，赵佳丽同学的"建党百年"书法献礼展，等等。

学校丰富而完善的课程体系成为学生个性发展的平台，成为学生成长的跑道，成为学生放飞梦想的翅膀。作为一所普通的完全中学，学校高考成绩连年出现660分以上的学生，录取率直逼100%，成为百姓满意的海淀区新品牌学校。

"己立立人，己达达人。"干部跟随校长进年级、下教研组已经成为习惯。每天清晨在校门口与师生互相问候，和师生共同开启新一天是我的必修课。走进课堂与学生一起听课、学习，走进食堂与学生共同进餐，听取学生们对学校发展的建议和需求……教师们把我当成他们中的一员，是校长亦是同事；学生认可我是尊敬的长者和交心的同伴，是校长亦是朋友。合作的班子团队，融洽的干群关系，和谐的师生关系，营造了大家庭的温暖氛围，汇聚形成了学校领导力的原则和默契。

我始终牢记教育初心，用爱润泽心灵，点亮梦想；以德立己达人，立德树人。如今，我和全体教师仍会踔厉奋发、笃行不怠，努力实现这一愿望："师生在清晨醒来时，对即将开始的一天充满期待和向往；在夜幕降临时，对校园充满留恋和不舍。"

— 本篇作者简介 —

王世东，北京科技大学附属中学校长，中国教育学会初中教育专业委员会理事，北京市优秀教师。

"尊重"文化引领　培植"有爱"教育

学前教育是基础教育的奠基阶段，也是基础教育的重要组成部分。作为中国学前教育改革与发展的见证者、亲历者与受益者，我深感自豪。从教 31 年，我努力做"有教育情怀、有研究能力、有大爱精神"的学前人！

一、不忘教育初心，不辱管理使命

多年的一线工作经验，为我奠定了坚实的实践基础。2011 年，我接手杨镇中心幼儿园，11 年来经历了幼儿园三址改扩建。从 9 个班增加到 42 个班，成为顺义区办园规模最大、在园幼儿最多的幼儿园。身为园长，肩负园所的发展，我努力提升不懈怠，积极借助外力给幼儿园寻求更高的发展平台，成立首师大附属杨镇实验幼儿园、北京幼教师资培训基地、首师大教研基地，使农村幼儿园的干部教师有机会参与首师大多项项目研究，有机会与专家面对面地交流学习。

多年来，我园全体教职工始终以《幼儿园教育指导纲要》《3—6 岁儿童学习与发展指南》精神为指导，以内涵发展为目标，以认真、务实、进取、创新的工作态度，力求做到有理念、有提升、有创新、有发展；以"尊重儿童，解放天性"为办园理念，积极营造"尊重与解放"的校园文化，始终倡导"让每一位教师有所为，让每一位幼儿都成长"。

二、坚持文化引领，实现"有爱"教育

面对日益扩大的师资队伍和三所相继建设完成的新园区，我坚信唯有理念引领、以文化人，才能将教育内化于心、外化于行。我提出"尊重儿童，解放天性"的办园理念，带领团队积极创设自然化、生活化的园所环境，不断构建"让教育回归真实生活"的园本课程体系。依托"发展性内审与团队建设"项目，坚持"守底线，保规范，找亮点"的内审评价原则，搭建成就美的平台，从而培养"有爱"教师，营造"有爱"班级，构建"有爱"家庭，养育"有爱"儿童，缔造一所人人心生向往的有爱园所。形成六部十九中心的组织架构，积极构建"四

统一"的管理模式，提出"向前一步"的管理理念，努力提升各部门间的事前沟通、事中携手、事后共享的协作精神，焊牢部门间的衔接地带，避免滋生相互推诿不作为的工作作风。这为一园多址办园提供了可借鉴的管理经验。

建立信息化管理平台，开发数字档案管理系统，充分利用信息化手段提升管理实效。创新党建主题活动，塑"有爱"师德师风，倡导全体教职工要"敬业爱生，行出最美师德"。

三、注重潜能激发，成就"有爱"教师

作为一名管理者，应以发展为己任，成就有爱的情怀和爱的能力的"有爱"教师。

一是构建科学的管理平台，让专业发展看得见。研发"教师专业发展"系统，科学分层，积分管理，直观呈现教师的专业发展现状。

二是项目助力发展，让教师有爱的能力。研发新教师指导手册，引领职初教师渡过迷茫期。乡村教师工作坊项目帮助胜任期的教师定位发展方向，激发发展动力。名师工作室、学研共同体的专题研究为成熟期教师提供发展平台，逐步形成自身教育特色。中心工作由骨干教师承担，在课程实践、课题研究、梳理成果过程中，大大提升了骨干教师的影响力。

三是研究引领发展，激发教师潜能。"十三五"以来，我主持的科研课题在级别和数量上都有了新的突破。

四、建构生活课程，养育"有爱"儿童

园长是课程建设的关键人物，有效的课程领导力是对园长课程融合与开发能力的考验，也是对园长"教育者"角色的最好诠释。

在"尊重"文化引领下，我带领保教团队站在儿童立场，努力践行"与孩子共同开创幼儿园新生活"的课程理念，不断构建"让教育回归真实生活"的园本课程体系。在与幼儿共同建设幼儿园、共同维护幼儿园环境、共同面对幼儿园生活的变化过程中构建"我们的新生活"园本课程内容。

五、搭建家园桥梁，构建"有爱"家庭

全园一千多个孩子的背后是一千多个家庭，是一千多种家庭教育方式，每个家庭的文化程度不同、教育背景不同、教育期待不同。面对家园工作中的难点，我们始终保持清晰的工作思路：异中求同。差异再大，幼儿园和家庭的目标是相

同的——孩子健康快乐成长。我们从幼儿园和家庭共同的教育目标出发，形成"一个目标，八个注重"的管理思路：一个目标——孩子健康快乐成长；八个注重——重理念渗透、重整体规划、重角色定位、重专业引领、重多方合作、重因时而动、重有效沟通、重活动促进。家园逐渐形成合力，共同陪伴孩子慢慢成长。基于此，我园家教指导中心成立了家长学校，对家园工作重新进行了定位：从常规工作上升为重点工作；从单项活动转变为全面活动；从被动发展到主动出击；从从属地位到引领发展从而构建家园共育新局面。

我借助科研课题，首次以科研的态度开展家长工作。全园教师、保健医、厨师、安保，甚至家长都是课题的参与者、研究者和获益者，努力构建适合我园并有一定推广价值的"陪伴共情，共育未来"家园共育课程体系，编制家园共育课程计划，细化在游戏、生活、大型活动中的家园共育工作沟通模板。

无论是专家讲座，还是开放活动，无论是日常沟通，还是专题分享，我园家园活动都注重对家长的理念引领，逐步树立：

家长第一——家长是孩子发展的"第一责任人"；

幼儿为本——孩子的健康快乐可持续发展是家园共育的根本目的；

共育同行——家园共同合力才能实现"5＋2 ＞7"；

陪伴为基——陪伴是最长情的告白也是最深厚的爱；

尊重解放——保护孩子努力飞翔的翅膀，让孩子拥有自主发展的力量。

六、推动协同发展，传播优质教育

多年的潜心管理和精心育人，让我更深刻地认识到教育的根本法则是靠个人的精神力量去影响更多人的心灵。我园承接"国培计划"内蒙古自治区园长为期8天的理论、实践学习，接待陕西、河北等拉手共建园300多人次的挂职、培训学习。

我园发挥师资培训基地和教研基地作用，承接全区幼儿教师、园长学习、培训、研讨活动20多次，借助"谷长伟工作室"，共同打造具有北京地区特色的户外运动模式。

"上下同欲者胜"，在谱写杨镇中心幼儿园发展新篇章的重要时刻，我将带领全园教职工，坚持"尊重"文化引领，潜心培植"有爱"教育，为推动我区乃至全市的学前教育事业做出应有的贡献。

───── 本篇作者简介 ─────

王红岩，北京市顺义区杨镇中心幼儿园园长。

传承经典，做有温度的生命教育

　　源远流长的传统文化经典，是中国文化和中华民族精神形成的基本根源。北京市第八十中学睿实分校开展的国学教育，不仅弘扬了优秀的传统文化，而且加强了优秀文化对学生的熏陶，提高了学生的文化和道德素质，促进了学生的可持续发展。

一、经典溢满校园，国学教育润物无声

（一）开展诵读经典活动

　　与圣贤为友，与经典同行，美心美文，嘉言懿行，诵读国学经典能让学生接受人类智慧的启迪，培养开朗豁达的性情、自信自强的人格、和善诚信的品质。

　　古人曰："熟读三字经，便可知天下事，通圣人礼。"的确，诵读《三字经》，学生懂得了"孝于亲""悌于长"。诵读《论语》，学生们学会了"三人行，必有我师焉，择其善者而从之，其不善者而改之"。

　　为了落实大量的词语积累，提升学生的记忆力、专注力，学校在一年级开展古诗文诵读活动。将大量的经典古诗词引入课堂，打造学校国学文化特色，开展了成语接龙以及《声律启蒙》《弟子规》《诗经》等国学经典的诵读活动。一年级学生入学 3 个月后就能背诵积累 500 余个成语，识字量达 1500 多字。学生积累了大量的传统文化经典背诵内容。这让学生从经典当中汲取精神的营养、积累语言的素材，丰富他们的人格，并且有助于学生们的可持续发展和终身发展。

　　学校在各年级开展《三字经》诵读活动，宣讲《三字经》小故事。每天早晨校园里书声琅琅，在诵读小先生的带读下，学生进校门站在操场上齐诵《三字经》。中午利用广播，宣讲小先生绘声绘色，为全校同学讲述《三字经》里每句话蕴藏的小故事。国学经典的学习重点在于让经典联系生活实际，激发学生的情怀。结合《三字经》提到的"为人子，方少时，亲师友，习礼仪""香九龄，能温席，孝于亲，所当执""融四岁，能让梨，弟于长，宜先知"，教育学生从小应该孝顺父母，爱护比自己小的同辈，要知道父母的辛苦，刻苦学习。

教师能做到尊重学生，也就自然而然能得到学生的尊重。经典诵读默默地影响了学生们的气质，增加了他们精神生命的深度，让生命教育润物无声，为学生的终身发展奠定基础。

（二）经典融入学习生活

利用学生进教室的晨读时间诵读中华经典，内容包括《笠翁对韵》《弟子规》《三字经》《百家姓》《千字文》《论语》《老子》等节选。学生们在中华经典的诵读中开启一天的学习。利用每周一升旗时间，进行学生经典诵读展示，激发学生背诵中华经典古诗文的积极性。"成语接龙"的课间铃声别具一格，学生们听着成语上下课，每周都会换不同的成语作为铃声，强化学生的记忆。进校、静校等背景音乐是吟诵《笠翁对韵》。国学经典所载为至理常道，透射着人文的光芒，其价值历久而弥新，它使人明智、使人聪慧。徜徉国学经典名篇，走近古哲先贤心灵，就能洗涤灵魂，培养智趣，增长知识，提升人格。所以，国学经典溢满校园时，国学教育便像春雨般润物无声。

（二）成立睿实博雅读书社

为了利用课余时间，让学生近距离了解中华传统经典，学校成立了睿实博雅读书社，学生从一年级就开始诵读经典，训练了记忆力。读书社定期在学校图书馆开课，课堂氛围活泼严肃，既有"诗词飞花令""诗人身份证争夺战"等游戏，还有文言文诵读活动。读书社秉持南宋教育家朱熹在《训学斋规》中提出的读书"三到法"，即"读书有三到，谓心到、眼到、口到"，并以《训学斋规》作为读书之规。在读书社这个特殊的平台上，为师者是家长志愿者。韩愈的《师说》阐明了何为师之道："古之学者必有师。师者，所以传道受业解惑也。"这使学生们在今后的人生之途中能乐于从师而学。

读书社更大的优势体现在强化家庭教育，邀请家长共同参与，家校社一体化，良好的课外阅读环境主要依靠家长们的日常营造。由读书社发起的每日读书打卡、每周背一首诗词、百遍经典诵读等活动，则是为培养学生良好阅读习惯而设置的。其开展的活动主要有：经典百遍诵读，穿插背诵、抽签背诵，"诗人身份证争夺战""诗词飞花令"，每日读书打卡，每周借阅一本书，每周背诵一首诗。

到目前为止，学生学习的古诗词及古文经典：《朱子家训》《庄子一则》《论语一则》《念奴娇·水调歌头》《虞美人·春花秋月何时了》《岳阳楼记》《登科后》《大学（第一、二章）》《山居秋暝》《春江花月夜》《桃花源记》《曹刿论战》

《蜀相》《陋室铭》《马说》《训学斋规》《师说》。推荐古诗词 22 首：《如梦令·常记溪亭日暮》《登乐游原》《赠花卿》《题李凝幽居》《秋浦歌》《秋夕》《竹枝词》《送杜少府之任蜀州》《竹里馆》《夜雨寄北》《无题·相见时难别亦难》《宿建德江》《闻官军收河南河北》《过华清宫》《泊秦淮》《望岳》《暮江吟》《大林寺桃花》《青玉案·元夕》《七律·长征》《沁园春·雪》《沁园春·长沙》。这些诗词要求学生全文背诵并视频打卡。

二、开发校本课程，国学教育水到渠成

国学经典教化之精髓，在于在长期的习读过程中领悟其"真、善、美"，并逐步形成"修身、齐家、治国"的能力素养。为了更科学地学习浩如烟海的传统典籍，有效开展经典阅读，我校开发校本课程，从而使国学教育水到渠成。

（一）开发国学诵读校本课程，充实国学教学内容

学校在低年级每周开设一节国学诵读课，根据学生年龄特点编排内容，让学生在教师的引领下赏析、诵读经典。内容有：小学生必背古诗词 70 首，选背古诗词 80 首（学校选读），共 150 首；还有《三字经》《弟子规》《千字文》《笠翁对韵》《增广贤文》《论语》等古代经典名篇选读。教师充分利用课前时间，预备铃响，学生边诵读本周的诵读内容，边做课前准备，让课前的喧闹变成琅琅的读书声，学生在诵读中平和安静下来。各科教师形成共识，齐抓共管，养成学生良好的诵读习惯，利用在校可利用的时间，既提高诵读效率，又减轻学生负担，更形成学校一道亮丽的风景线。

（二）语文课堂诵读经典，充实语文教学内容

为了能真正让学生们具有更高的语文素养，激发学生诵读经典、自觉识字的积极性。学校还将传统文化经典诵读融进课堂中，课堂上多了一份诗情画意，多了一些语文味，真正地把传统文化经典继承下来。学生的语文作业包括每天诵读中华经典古诗文 10 分钟，语文课上用 5 分钟展示诵读情况，要求学生在诵读基础上达到朗朗上口、念念不忘、出口成章。这样一来，学生在会背的同时也认识了大量的生字。教师们在语文课上添加了《诗经》《论语》《中庸》《道德经》等一些国学经典诵读内容，这样的整合补充了大量的课外阅读，增大了学生的课外阅读量。学生对单元的意识也更有感触了，更加清楚单元的学习目标，以及课文之间的联系。

（三）各学科融入经典诵读内容，实现学科整合

学校要将"国学教育"理念渗透到各个学科领域。在各学科适时渗入乐律感

强的古诗词以提高课堂教学效率。音乐课上，学生吟唱《声律启蒙》和《诗经》，把这些有一定难度的中华传统经典用优美的旋律表达出来，不仅提高了学生背诵经典的积极性，而且提升学生的思维能力。学校展厅里展示着学生的美术、书法作品，学生们用毛笔抄写不同字体的成语，用画笔描绘出对成语故事的理解。操场上，一年级小学生跟着武术老师练习武术动作。虽然"小豆包儿们"的动作还比较稚嫩，但是经过训练已经能连续做一套武术操了。他们是那么认真、严肃，努力地做好每一个招式，每做一个动作后都会发出"哈"的呐喊，声音整齐洪亮，喊出了精神气。一招一式，展现了中国小学生的精神气。我校力求通过构建丰富的校本课程体系，继承和发扬中华优秀传统文化，培养学生的民族自豪感及爱国主义精神。

诵读经典，有助于引导学生从小形成科学的价值观、人生观和世界观。在日常的各学科中融入经典国学，将真正为学生的成长提供养分，真正做到向"经典"取经，为"生命"润色。诵读国学经典，犹如走在一条铺满鲜花的路上，领略着中华经典的风韵，感受着中华文化的精深，更能让传统经典文化浸润学生的人生。让我们做经典的传承者，做有温度的生命教育，给予学生们作为中国人的骄傲！

▬▬ 本篇作者简介 ▬▬▬▬▬▬▬▬▬▬▬▬▬▬▬▬▬▬▬▬▬

王彤，北京市第八十中学睿实分校校长。

一个温情校长的温暖教育

　　一所真正的学校，其实就是一个温情的校长带着一群有温度的人，干着一件温暖的事。我愿能心向太阳，永远做一个温暖的校长。

　　岁月流转，时节如流。2022 年 10 月 30 日，对于人大附中北京经济技术开发区学校来说，是一个具有里程碑意义的日子——学校加入人大附中教育集团五周年。学校把 10 月 30 日定为"人开日"，就是在五年前这一天，学校与人大附中联合学校总校、人大附中签订了联合办学协议。五年来，学校在团结中进取，在奋进中前行，谱写着教育高质量发展的华章。

　　我在人大附中工作了 12 年，早已完全适应人大附中的教育氛围。2016 年 1 月我来到人大附中北京经济技术开发区学校担任校长，之后，一直在追问自己"做一个怎样的校长？""做一个什么样的好校长？"。我一路探索，不断实践，心怀对教育的使命完成着这份问卷。

　　办学理念是引领学校发展的旗帜，几年来，我们在教育理念上进行了创新和发扬，以理念铸魂育人，举旗帜、领方向。人大附中经开学校是十二年一贯制学校，既可以保持学校教育工作的一贯性，又可以在育人目标、育人资源上实现不断档。基于学校既有小学又有中学这方面的考量，我对原有的校训、办学理念、管理方法一一进行了调整优化，提出了"办温暖的、负责任的、舒展生命的幸福教育"。一方面，这是源自于人大附中名誉校长刘彭芝"爱与尊重"的理念；另一方面，也希望我们的学生是内心有温度的人，是善良的人，是会爱他人并且能够给予他人尊重的人。

　　作为数学教师，我对数学公式有着特有的敏锐。在此基础上，我提出了幸福公式：$F = e^{wr}$。

　　公式中，e 既代表教育（education），又代表数学中的自然常数，蕴含着教育回归自然的思想；w 代表温暖（warm），是"温暖教育"的体现；r 意味着责任（responsibility）；温暖和责任作用于教育，就会培养出 F（future）——面向未来、幸福、充满力量、大写的人，而这种作用力会像指数函数一样无限增长，成就学校中每一个自由舒展的生命。此函数的增长方式是爆炸式的，教师和学校的温暖与责任感作用在学生身上，给学生带来的作用是不可估量的。

一、做一个温暖的校长，让学生们感受到爱和友善

我坚持常与学生们共进午餐，关心他们的学习、生活，成为他们在校园生活、学习上的良师益友，帮助他们克服学习中遇到的困难、人际交往中遇到的磕绊、生活中遇到的坎；坚持在高考前夕给高三学生手写书信，与他们交心畅谈，为他们加油鼓劲，从调整师生关系入手，让他们感受教育的温暖。

二、做一个温暖的校长，营造温暖的育人环境

校园四季花开，教室里温馨明亮，学生们在宽阔安全的操场自由奔跑，在"零点体育"中感受青春的力量。在我们学校，有随处可见的阅读空间，学生们在书香和墨香中陶冶情操，还有三层极具个性化的读书长廊，分别命名：二层"常遇见"，在书中可以遇见最伟大的智慧和思想，遇见最好的自己；三层"心悦读"，只要用心阅读就会感受到读书的愉悦；四层"圆君梦"，通过"常遇见""心悦读"，一定能圆自己的读书梦。

做一个温暖的校长，给予学生们最灵动的课程。在学生核心素养目标指导下，我们团队共同设计三维六域"魔力课程"，培养学生的家国情怀、国际视野、科学素养和人文精神，促进学生全面发展。精心打造学校每一次活动、每一门课程，让每一次活动都成为学生们展示才华、激发个性的开始，让每一间选修课教室都成为学生们启迪心智、播种梦想的地方。从悯农园栽培中学会热爱劳动、敬畏生命，从科技活动中培养科学精神、实践创新，从体艺世界里培养健康生活、审美情趣。

三、做一个温暖的校长，成为教师们最信赖的朋友

教师尽量用自己的温暖和负责任的态度去影响学生，以爱心待学生，在交流中尊重每一个学生。与此同时，作为校长，我尝试给教师们送温暖，为没有住房的教师申请人才公租房，为过生日的教师送上我手写的祝福卡，开设每月一天的"人文假期"以及建母婴室、购置健身器材等。每天微笑面对每一位教职员工，抽时间到每间教室、办公室巡视一下，与教师们来一个或浅或深的沟通，关心生病的、表扬勤奋的、鼓励敬业的，和谐工作氛围，凝聚人心。通过每周一上午的"校长倾听日"，倾听他们的心声，加强与教师的心灵沟通，增加感情，激扬斗

志，舒展心灵，让每一位教师都能以充沛的精力投入教育教学。

四、做一个温暖的校长，让家长们参与学校的管理

苏霍姆林斯基说过，最完美的教育是学校与家庭的结合。立德树人要求教师根据学生自身特点和不同的成长背景因材施教，我们通过多种渠道建立家校联系，向家长介绍学校的活动、开设的各类课程和家长讲座等，让每一位家长都有机会看到自己孩子的表现、自己孩子的班级活动、孩子所在班级教师的突出表现。我们通过导师和导师团的云家访等多种形式，主动和家长联系、沟通，取得家长的支持和理解，在教育孩子的理念、方法、实际操作上达成共识，形成教育的合力。

五、做一个温暖的校长，用文化引领发展

在我看来，没有情怀是做不了教育的。校长要用理念点亮心灵之灯，给教师一个诗意的栖居环境和实现生命价值的场所，让他们拥有幸福愉悦的精神生活；用理念给学生一双进取的翅膀，让他们树立干一番事业的雄心壮志；用理念给干部团队一种向心力，让他们心往一处想，劲往一处使，同心同德，盎然而立。倡导"做更好的自己"的工作精神，"把每一件简单的事情做好就是不简单"的工作态度，提出"做一个有使命感的人"的校训，并在日常工作中不断宣传和渗透。

爱与尊重同行，教师们和学生们在校园里幸福地工作学习生活。如今我们的办学理念已经深入人心，在日复一日的工作中，初心不改，向善而行。

（一）温暖育人，以人为本培养"五自"品质

"为党育人，为国育才"是我们做教育的初心使命，在此基础上，我们发展了自己的育人观念：育人先育心，育才先育德。用什么育心？我们用温暖育心。我非常敬重的人大附中退休语文特级教师于树泉曾经说过：一个人，心灵强大则生命强大，心灵脆弱则生命脆弱；心灵明亮则精神明亮，心灵暗淡则精神暗淡。

心灵有温度，有亮度，有高度，有强度。所以，我对学生们提出了"心明、眼亮、体健、行笃、知真"的要求，强大内心，提出了"五自"育人品质：一是"自信"，让学生通过不断学习提升自我价值感；二是"自由"，通过规则和约束做更好的选择者来主宰自己的命运；三是"自主"，一切靠自己更能为自己负责；四是"自省"，不断自省，让自己从优秀到卓越，更加完美；五是"自然"，即尊重成长规律，润物细无声，功到自然成。

教师对学生的教育，并不是一定要通过说教和批评来实现。教育应当回归自然，在学生还没有察觉到时，教育的效果就已经产生了。所以，在人大附中经开

学校，教师在这种教育理念的引导下，在自然而然的陪伴过程中，教育的效果就显现了，学生跟教师的关系也变得更为融洽。

（二）温暖育才，包容开放借力区域优势

在人大附中经开学校，我们提出了"三强两优一领先"。"两优"中的"一优"，就是学校的地理位置优势——学校处于北京经济技术开发区核心区域。利用这一优势，我们提出要创办一所科技领先的学校，把课堂搬到企业中，把学校办到企业中。为此，我们与企业进行了很多的合作，通过建立实验室、共建课程等，把企业当作实践基地、德育高地和研学基地。

学校高一年级学生每周五下午都会去企业上课。学生曾经走进了新东方、金风科技、奔驰、京东等一些知名企业。学生在企业中不只通过学习企业的文化、企业的技术，更能感受企业的发展，让学生们感受到自己也能成为企业的主人，通过企业的发展来感受时代的变迁。这样做不仅开阔了学生的视野，更让他们对未来有规划、有想象，而这种想象不是象牙塔里的空中楼阁，也不是电视里的虚拟场景，而是直观、真实、具体的环境和目标，引导学生更好地去规划自己的人生。

2022年秋季学期开学典礼，我们邀请了区内很多知名企业家来分享自己的经历，得到了学生和家长的好评。尽管疫情防控期间的校园是暂时封闭的，但学习和知识是开放的，心态是开放的，学生和外界的联系是开放的。建立学生对所在区域的认同感，可以逐渐培养他们对社会和国家的使命感。在我看来，立足区域、走进企业、面向未来，除了能帮助学生尽早做职业规划，还能加强其对社会的认同感，加强其与世界的联系。让学生和那些真正优秀的人在一起，学生才有可能说："未来，我们有可能改变世界。"我希望，我们的学生有理想、有本领、有担当，真正有机会为这个世界做些什么。

因为有教育梦想，有教育情怀，六年前来到了人大附中经开学校。秉持着向刘彭芝校长学习"人生为一大事来"的想法和老师们一起努力，一起为改变中国教育而上下求索。今后，我会继续带着我的教育初心且歌且行，我的目标依然是做一名好老师，做一名好校长，为教育事业奋斗不止！

---- **本篇作者简介** ----

王教凯，国家级骨干教师，2009年起担任人大附中副校长，2016年由人大附中副校长调任人大附中北京经济技术开发区学校任校长。其独立撰写的《人工智能与科技智造创新实践》一书，由机械工业出版社出版。

关于"双减"背景下加强家校共育的思考

2021年7月24日，中共中央办公厅、国务院办公厅印发《关于进一步减轻义务教育阶段学生作业负担和校外培训负担的意见》。这一文件的出台，标志着全国中小学从此进入"双减"时代。"双减"政策的落地，立刻对家庭教育、学校教育、社会教育的理念和形态产生了颠覆性的影响。因此，如何在"双减"背景下加强家校共育，达成共识，转变观念，形成合力是现阶段我们应当思考和解决的重要问题。

一、正确认识政策意义，准确把握改革目的

（一）"解放"我们的学生

毋庸置疑，"双减"政策的出台，首先就是要把学生们"解放"出来，把快乐和健康还给他们。过重的作业负担，不仅挤占了学生们玩耍、睡眠和运动的时间，导致视力不良检出率和肥胖率连年递增，也间接导致家庭亲子关系紧张——不少家庭的现状是不写作业"母慈子孝"，一写作业"鸡飞狗跳"。这种以牺牲快乐和健康换取的学业发展，不仅是得不偿失的，更是不可持续的。

（二）整顿教育的秩序

资本运作下的校外培训，终究是以盈利为根本目的。眼花缭乱的广告宣传，使本就"内卷"的家长们更加焦虑；水涨船高的培训费用，节节抬升了家庭教育支出成本；巧立名目的各种"坑班"，提前"掐尖"破坏了教育公平……校外培训机构的乱象，已到了不治不可的程度。"双减"政策的出台，就是要从根本上激浊扬清，恢复正常的教育秩序。

（三）提升教育的质量

从近年来的"PISA"测试结果来看，虽然"中国代表队"连续摘取了几次"世界冠军"，但种种数据也反映出来，我们的学生学习效率偏低，幸福指数不高。这不禁引发了我们对教育教学质量的重新思考。高分数不等于高质量，高质

量呼唤高效率，"减负"的关键在于"增效"。"双减"政策的出台，也是在"倒逼"学校进行深层次的教育教学改革，从根本上提升课堂教学的效率与效果。

二、找准各自功能定位，实现家校双向互补

著名教育家苏霍姆林斯基曾把儿童比作一块大理石，并认为要把这块大理石塑造成一座雕像需要六位雕塑家：家庭、学校、儿童所在的集体、儿童本人、书籍和偶然出现的因素。由此可见，家庭教育是孩子的起点教育和启蒙教育，是其他一切教育的基础。进入学校的孩子并非一张白纸，学校教育始终是在家庭教育的基础上开展的，也必然会受到家庭教育的影响和制约。没有良好的家庭教育做基础，学校教育将无法发挥其应有的效能。

家庭教育的优势在于基础性和持久性，它伴随着人的成长全过程。学校教育的优势在于专业性和全面性，它能够促进人的持续发展。但学校教育始终是集体教育，很难关注到每个学生的个体差异，也很难满足每个学生的个性化需求。而家庭教育恰恰相反，家长熟悉自己子女的性格特点、行为习惯、兴趣爱好，可以在学校教育的基础上，创造条件实现学生的个性化发展。因此，家校关系应当是互补关系，学校教育更关注共性，核心任务是促进个体的社会化；而家庭教育更关注个性，核心任务是实现人的个性化发展。二者只有找准各自的功能定位，既有分工又有合作，才能够为孩子的健康成长和持续发展奠定坚实基础。

三、依托"双减"改革背景，构建新型家校关系

扪心而问，"双减"政策落地以后，学生的负担可能减轻了，但家长的焦虑减轻了吗？答案可能并不尽如人意。尤其是在面对"减什么""怎么减""减出来的时间怎么用"这些关键问题的时候，如果没有及时的帮助和正确的引导，家长们很可能会陷入新一轮的焦虑当中。

在"双减"政策落地后，我们有必要引导家长走出两个误区：

一是"躺平"误区。如果仅仅把"双减"理解成一种解脱和放松，对减出来的空间和时间不进行好好规划，结果必然是荒废孩子成长的大好时光。2021年出台的《中华人民共和国家庭教育促进法》明确规定："父母或者其他监护人应当树立家庭是第一个课堂、家长是第一任老师的责任意识，承担对未成年人实施家庭教育的主体责任。"面对家庭教育的主体责任，家长应当用心设计好家庭教育的第一课堂，用心扮演好孩子的第一任老师。

二是"内卷"误区。不少"虎妈""狼爸"不甘现状，带着孩子转战各种

"地下补习机构"。结果是东奔西走疲于奔命，比"双减"之前还要紧张焦虑。其实，从本质上讲，这种焦虑往往来源于对家庭教育责任的误解。《中华人民共和国家庭教育促进法》提出，家庭教育的根本任务是立德树人，要用正确思想、方法和行为教育未成年人养成良好思想、品行和习惯。因此，培养孩子浓厚的学习兴趣、主动的学习动机、端正的学习态度、良好的学习习惯、坚强的意志品质，给孩子健康成长铺设可持续发展的正确轨道，才是家庭教育的主要职责。在家庭教育过程中片面追求学业成绩的精进，只能是越俎代庖、揠苗助长，甚至会适得其反。

因此，在"双减"背景下我们有必要重新思考并构建新型的家校关系，重点要达成三项共识：

一是在目标一致的基础上促进价值融合。

由于家庭教育和学校教育的立场和角度不同，在实践中很难不产生分歧和矛盾，但我们必须清醒地认识到：家庭教育和学校教育在育人目标上是一致的——我们都希望孩子健康成长、学业有成。因此，求同存异、合作共赢是家校协同育人的基本原则。一方面，学校要尊重家长的意见和看法，不能高高在上发号施令；另一方面，家长也要尊重学校教育的专业性，不能自以为是指手画脚。学校作为专业的教育机构，有必要充分发挥家长委员会的作用，通过各种方式促进家校教育价值观的深层次融合。

二是在有效沟通的基础上形成教育合力。

现实中，家校沟通的目的主要有四个方面：一是说明情况，增进了解；二是解释缘由，化解矛盾；三是拉近距离，增进感情；四是统一思想，统一行动。

因此，在有效的家校沟通中，沟通双方必须处于平等地位，要保持克制、懂得倾听、学会共情，要有目的、有策略、有计划地开展沟通。同时，有效沟通的基础在于构建相互信任的家校关系，学校有必要加大透明度，利用校园开放日活动让家长走进学校、了解学校，要充分发挥家长委员会的积极性和主动性，引导骨干家长参与学校管理，为学校改进工作建言献策。获得支持的前提是理解，获得理解的前提是了解——因此，对于家校关系来说，往往是越透明越安全，越沟通越紧密。

三是在调查研究的基础上加强专业指导。

在"双减"背景下，我们有必要通过调查研究了解家长的困惑与需求，才能够更有针对性地加强家庭教育指导。我们通过对部分学生家长的调研，发现目前家长在家庭教育中存在的主要问题是不知道如何"高质量"地陪伴孩子。为此，学校聘请专家开设了专题家长学校课程，指导家长开展家庭教育规划，帮助家长从培养家国情怀、培育健康习惯、发展兴趣爱好、增强探索意识、掌握劳动技能、投身社会实践、学会阅读思考等多个层面入手，提升家庭教育的针对性和实效性，受到了家长们的普遍欢迎。

综上所述，新时代呼唤新教育，新发展依托新探索。持续深入推进"双减"工作，是教育"深综改"中的又一块"硬骨头"。身为首都核心区的教育人，我们也必须迎难而上，不回避问题，不逃避责任，用心、用情、用智慧做好家校共育工作，切实为孩子减负，为家长分忧，为办人民满意的教育做出自己的贡献。

本篇作者简介

王祺，北京市第五十中学党委书记，常年从事思政教学、德育管理、教育科研、党建研究等工作，有较丰富的实践经验。

张威，北京市第五十中学校长，东城区第十七届人大常委会委员，北京市第十六届人民代表大会代表。

"双减"政策助推学校高质量发展

2021 年 7 月，中共中央办公厅、国务院办公厅印发了《关于进一步减轻义务教育阶段学生作业负担和校外培训负担的意见》。之后，北京市教育委员会召开全市基础教育校长（园长）大会，朝阳区委教育工委、区教委也组织开展了会议的大学习、大讨论。教育研究中心附属小学也迅速行动起来，组织干部、教研组长和全体教师开展学习，以实际行动推进"双减"政策落地，提质增效，增强学生的实际获得感。

一、"双减"政策引发对教育的新思考

我校坚持以新时代中国特色社会主义思想为指导，全面贯彻党的教育方针，落实立德树人根本任务，推进构建高质量教育体系，强化学校育人主阵地的作用。要理解、落实"双减"政策，就要尊重教育规律，促进"五育"并举，重塑教育生态，让教育资源作用最大化，凸显学生主体地位，促进学生全面而有个性地发展；对于教师来讲，要切实落实好每节课的教学，做到应教尽教，不仅让学生"吃得饱、吃得好"，还能让有潜力的学生"吃得足"。

（一）"双减"减了什么？

从校内来看，一是全面压减作业总量和时长，减轻学生过重作业负担。健全作业管理机制，合理调控作业结构，分类明确作业总量，提高作业设计质量，加强作业完成指导。二是大力提升教育教学质量，确保学生在校内学足学好。促进义务教育优质均衡发展，充分激发办学活力，整体提升学校办学水平。提升课堂教学质量，严格按课程标准零起点教学，考试成绩呈现实行等级制。三是提升学校课后服务水平，满足学生多样化需求。通过提升学生在校学习效率，减少学生课外低效学习，减少无谓消耗。

（二）"双减"增了什么？

一是增强了对学生习惯的培养。在"双减"之下，严格控制作业时长和作业总量，各个学科都要提高教学效率，提高学生的学习效率，培养学生主动思考、

深度思考的习惯。二是增强了对学生自主意识的培养。学生课余时间相对增加，可以探索个人兴趣，发展个人特长，满足自我成长个性化、多样化的需求。同时较多自由时间的出现，对学生能否对课余时间合理规划、充分利用，提出了更高要求，需要学生在家长、老师帮助下，着眼长远发展，结合自身实际情况，制订成长目标，合理规划并长期坚持实施。

二、精准发力形成对教育的新突破

我校围绕办学理念，以培养锐意进取、勇于开拓、面向未来社会的人才为目标，在落实"双减"工作过程中，明确一个核心，强化两条路径，做实三个方面，即以落实立德树人根本任务为核心，以加强教师队伍建设和教研组建设为路径，在提高课堂教学质量、提高课后作业质量和提高课后服务质量三个方面做实。

立德树人是教育的出发点和归宿，是教育工作者始终坚守的根本任务，是"双减"工作的重要目标。学校加强教师队伍建设，通过召开会议，宣讲政策促进教师观念转变，树立以"学生发展为本"的大教育观。加强教研组建设，中层干部进入教研组，和教研组长共同组织教师研方案、研做法、研困难、研效果，特别是加强了对作业设计的研究。

三、扎实推进呈现学校教育新面貌

（一）在提高课堂教学质量方面

学校围绕一个核心，抓实两条路径，构建"和悦"课堂。以提升学生学科素养为核心，在深入课堂听评课中，抓实"两条路径"，即学生学习习惯培养和思维习惯培养。学习习惯的培养，学校在"五会"（会看、会听、会说、会想、会做）的基础上，按不同学段提出了具体要求，第一学段学生学会倾听，能够洪亮、完整地表达；第二学段学生学会合作，能够清晰地表达并适时补充；第三学段学生学会质疑，能够有条理地表达并合理提问。思维习惯指在不同学科中对学生进行高阶思维的培养，即分析、综合、评价和创造。学校提出了构建"和悦"课堂，即每节课有情境、有问题、有研讨、有分享、有训练、有拓展。

（二）在提升作业设计质量方面

学校提出"一个注重、两个倡导、三个严格、四种类型"。作业布置要注重统筹，由班主任统筹当日作业时间并进行公示。教师会提前试做作业，以此增强作业的设计性和对做作业时间的有效把握；学科作业的布置倡导学科特色和学科创新。作业的布置充分发挥教研组的作用，在"研"字上下功夫，既有学科内部的研，又有跨学科的研。学科内部的研主要是研究学情减量保质，跨学科的研是创新形式提升解决问题的能力。每月每个年级以"作业单"的形式体现不同学科的各类型作业。如跨学科实践性作业——"营养午餐"微报告；在作业的布置上，学校严控时间、严把质量、严格批改；学校鼓励教师分层、分类布置作业，基础性作业做到保底，选择性作业做到激发兴趣和分层，实践性作业做到融合和打通，创新性作业做到形式多样和内容综合。例如，语文学科设计分类作业：朗读类作业，指向语感偏弱、语言表达能力差的学生；书写类作业，指向书写需要提高的学生，通过练习书法作品，了解行款特点，学写规范字；阅读类作业，指向对阅读感兴趣和需要拓宽阅读量的学生。英语学科设计实践性作业——用英语讲述中国节日文化。数学学科鼓励学生录制小视频讲解解题思路，用讲故事表达对概念的理解。

（三）在提高课后服务质量方面

学校围绕"一个目标、两个原则和四个打通"进行课后服务。以满足学生差异化需求为目标。开学时，学校下发了调研问卷，从参与时间段、参与活动内容等角度，对全校学生进行了问卷调研。其中，参与内容涉及学科类、科普类、艺术类、体育类、劳动类。坚持学生自主自愿和教师积极参与的原则。对于参与课后服务的教师，学校实施弹性工作时间，并在绩效方面给予奖励。在内容设置上，学校做到了"四个打通"：打通时间段，整体设计学生从入校后到离校的安排。例如，下午两节课后安排了 40 分钟的体育活动，下午 4:30—5:30，既有参与答疑辅导的学生，又有参加综合素质提升的学生，满足不同学生的需求。打通教研组，借助 PBL 项目式学习，开展跨学科活动；打通行政班，如答疑辅导，集中骨干教师力量，辅导以不同模块呈现；打通校内和校外，学校是北京市朝阳区科技教育示范校，在普及的基础上，学校引进专家资源，为科技方面有兴趣且有研究潜力的学生提供高水平的辅导。

应该说，"双减"之后的学校呈现出了不同的教育面貌，学生的实际获得感在不断增强。但"路漫漫其修远兮"，要想持续推进已取得的教育成效，还需政府、学校、家长和社会各界的全力配合、共同推进。

本篇作者简介

王蕙，北京市朝阳区教育研究中心附属小学校长，北京市数学特级教师。

"双减"背景下课后服务"233"模式的实践探索

2021年7月，中共中央办公厅、国务院办公厅印发《关于进一步减轻义务教育阶段学生作业负担和校外培训负担的意见》（以下简称"双减"）。为推进"双减"工作在北京第二外国语学院附属小学落地生根，充分展现出学校教育的主阵地作用，我校结合实际情况，充分融合校内外资源，在课后服务上进行了有力的实践探索，形成了独具特色的课后服务"233"模式，并取得了一定的效果，本文旨在对我校课后服务实施的有效策略进行阐述。

一、"233"的含义和指导理念

为做好课后服务内容的有效供给，我校以需求侧为导向，本着"三充分"的原则，整体规划，系统设计，开发"233"模式；从"五育"并举的角度出发，设置"智慧育德""智慧启智""智慧健体""智慧笃行""智慧养趣"类课程，并依据学生实际情况，采取自主选课、分层教学的授课方式；在师资方面，形成了区青少年活动中心指导下的本校教师为主、校外优质资源为辅，依托高校、吸收家长、社区参与的多元教师队伍。通过课后服务，统筹校内校外教育资源，统筹课内课后两个时段，充分发挥学校育人主渠道作用，对教育教学安排进行整体规划，全面系统构建学校绿色育人生态。

（一）"233"的含义

我校在"双减"之后就学校的课后服务工作开展了一系列的探索。比如，课后服务班班开展全覆盖；统筹安排教师实行"弹性上下班"，对参加课后服务的教师给予相应的补助；把学生参加课后服务的情况纳入义务教育学校质量评价体系，等等。经过近一年的实践，逐渐形成了符合我校实际的特色课后服务模式，即"233"模式。

课后服务"233"模式的"2"是指两段，即分两个时间段来安排课后服务：15：30—16：30为"学后辅导一"，16：30—17：30为"学后辅导二"。

第一个"3"是指三部分,即课程内容设置分为三个部分:15:30—16:00 为体育锻炼部分,16:00—16:30 为作业辅导部分,16:30—17:30 主题教育、培优补差、答疑辅导和综合素质拓展部分。

第二个"3"指三组合,即针对不同学生开展三种课程实施组合,所有学生在周一、周三、周五 3 天安排"体育＋作业＋主题教育",周二和周四 2 天根据学生的情况,有两种组合可供选择,分别为"体育＋作业＋综合素质"和"体育＋作业＋学业个性辅导"。

"233"模式在保障基本、全面育人的基础上,既努力做到尊重所有学生的自主选择,又充分考虑为个别学生提供专项个性辅导,从设计上满足了学生、家长的多种需要。

(二)"233"安排的指导理念

学校做出"233"的课后服务安排,主要是基于以下考虑:

一是综合完成学校教育活动目标和任务。我们将课后服务活动内容安排为刚性和弹性两类。前者任务属于"保基础"的固定活动项目,包括体育锻炼、作业与指导、党史教育和安全教育,后者任务是"供选择"的多样化互动项目,满足学生们的不同需求。

二是以多种内容和形式的活动设计满足学生的兴趣爱好和个性化需求。

三是在满足学生多样化活动需求的同时,照顾教师的合理利益要求。这主要体现为课后服务阶段的教师活动安排。

二、"233"课后服务模式的具体设计

(一)时间及人员安排

课后服务是与义务教育紧密相关的一种教育延伸服务,在小学阶段具体指正常授课结束后 15:30—17:30 的两小时内容提供服务,作为校内提质增效的重要之举,是学校教育满足学生全面而有个性发展的关键环节,要面向全体学生全面开放,并通过具体组织实施,强化体育,补足劳动教育,做强作业辅导,开展综合素质类拓展活动,以满足学生个性化需求,使学生通过参与真正有所收获。我们根据课后服务在时间、内容、目标上的具体要求,进行了"233"课后服务模式的设计,分两段三部分三种组合,在时间、内容上细致安排,教师采用弹性上下班制度,以保证课后服务的顺利开展。

在课后服务一阶段，15:30—16:30，我们首先安排由副班主任进行体育活动，接下来由班主任根据当天作业情况进行课业辅导。这个阶段是整体的作业时间，低年级基本上可以完成校内大部分作业，高年级学生也能完成一部分。在第一个小时，我们在保障学生每日1小时体育锻炼时间的基础上，统一进行作业辅导，落实作业管理制度。

在课后服务二阶段，16:30—17:30，周一全校进行"党员讲党史——爱国主义教育"、周三固定为安全教育日进行交通、居家、外出等安全教育，并隔周进行消防、地震、防暴恐等安全演习。按照自然班进行，切实将安全教育落地，逐步树立学生牢固的安全意识，提高校园安全防范等级。周二、周四全校进行走班混合教学，开展体育锻炼、艺术、科技、劳动等综合素质拓展类活动，对于确有需求的孩子，开展学科培优补差，周五整体开展劳动教育和大扫除活动。每周五天提供课后服务，结束时间不早于17点30分。两个阶段相互衔接，满足学生多样化需求。同时对有特殊需要的学生，学校提供延时托管服务，保障学生在校安全。

为了减少教师不必要的负担，提高效率，我们对教师在课后服务活动的任务进行了统筹安排，尽量均衡。在"233"模式下，第一活动阶段结束后老师们可以根据每周具体情况，弹性下班。

（二）"233"课后服务模式的课程设置：丰富内容，有效供给，增强吸引力

在课程设置上，我们从育人目标出发，从德智体美劳"五育"并举全面育人的角度，构建学后课程体系。我们始终朝着"三个充分"的目标努力：充分尊重学生的发展需要、充分考虑家长的教育诉求、充分挖掘学校的内部资源。在这里以"充分挖掘学校的内部资源"为例谈谈学校的具体做法。

课后服务的主体是学校，在构建符合学生全面发展理念的课程中，必须首先充分挖掘学校内部教师资源，盘活学校人力。我们课程框架的架构，源自学生的全面发展和需求，但最终的落地重点依靠的是本校教师。在"双减"之前的课后服务中，因为参与的学生少，教师安排上通常是轮流制，每天由两三个教师采用自习和简单的体育活动内容来完成托管任务。2021年9月开始的课后服务是面向全体广泛开展的，我们的目标是尽可能多地把学生吸引到学校中来，用优质的服务承担起学校教育的主体责任。要想学生全参与，教师的需求量一下子就上来了，全校每天20个课后服务班的总量，直接对应的是教师数量的成倍增长。充分挖掘学校内部教师资源，既要在数量上增加，又要在质量上提升；既要让更多

人参与，又要让大家充分利用个体的优势，开设丰富多彩的课程。这是学校能否提供优质课后服务的基础。

在课程设置中，学生需要与教师供给之间的平衡调控是难点。在这个工作上，我们实施"四步走"的方略。

第一步，充分调查和尊重学生发展需要，确立德智体美劳全面发展五位一体的课程理念。

第二步，调研家长需求，倾听家长诉求，了解需求量最大的是什么课程。

第三步，深挖学校教师资源，每个教师根据专业和个性情况，对照学校课后服务课程框架，申报提供的课程。

第四步，以需求为导向，协调学生、家长需求与教师供给的平衡。需求量大的课程，扩班；需求量小的课程，转型；有强烈诉求缺乏师资的课程，外聘。

学校通过多措并举，形成有效供给，增强课后服务吸引力。

在以上工作的基础上，我们在思想动员和激励机制上做了这样两项工作：首先，面对教师的疑虑和排斥，学校决定思想先行，通过动员会凝心聚力，激发教师使命感；其次，在制度上进行改进，体现人文关怀，实行弹性上下班制度，缓解教师工作时间过长带来的压力，设立"双减假"制度，每个月教师有 8 个小时时间，可以在不影响教育教学工作的前提下"晚来早走"，倡导教师积极投入学后服务，探索更为灵活且自主的"积星奖励"形式。积星奖励按参与学后服务的班级学生数量计算，每名学生一颗星，一个 40 人的班级，授课教师参与一次学后课程积 40 颗星，35 人就积 35 颗星；每周参与两至三次，积星大概为 120 颗；一个月积星 4 周，大概 480 颗；一学期 18 周，积星大概 2160 颗。每 400 颗星可兑换"积星奖励假"1 天，200 颗半天，100 颗 2 小时，依此类推。一学年末，对于没有休假意愿的教师，未休假的积星按照 400 颗 100 元、200 颗 50 元进行折算，在学年末奖励中予以兑现。通过这种机制的激励，给教师赋权，更多的自主选择让大家感受更为宽松的心理环境，以此来提升教师工作中的积极体验，促进教师更好地参与。

此外，在"自主、尊重"的主旨下，开发教师课程资源，鼓励教师利用这个时间发挥自己的兴趣爱好，开设自己擅长或自己希望发展的项目，把课后服务作为"教学相长"的有效时间，带动学生的特长素养得到发展的同时进一步培养自己的爱好，延伸自己的特长。在学校的多措并举、积极倡导下，全体教师均参与到课后服务中来，体育教师教书法，语文教师授剪纸，道德与法治教师练朗诵……学校课后服务百花齐放。

在充分调研和整合校内外资源的基础上，我们开设了以下课程：

智慧启智类课程：语文、数学、英语学科学业答疑辅导班；语文、数学学科实践课程；低段英语基础巩固班、高段英语基础巩固班、科学英语培优班、英语戏剧课程；中国象棋、国际跳棋、科技模型制作课程。

智慧健体类课程：趣味足球、战术足球、太极扇、体能训练。

智慧养趣类课程：七彩世界——儿童画创作；舞动的音符——合唱；艺术传承——墨香书法、花丝镶嵌。

智慧笃行类课程：巧巧手折纸；小工匠种植。

更有智慧育德类主题活动课程在每周固定时间集中开展。周一是爱国主义教育"党员讲党史"活动；周三是安全教育日，全校进行消防、地震等疏散演习，或根据季节安排防火、防盗、防溺水等安全教育课；周五是劳动教育日，全校进行大扫除等实践活动。更有全校性的比赛、展示活动，如诗词大会、歌咏比赛等。

（三）"233"课后服务模式的课程实施：拓宽师资渠道加强分层教学

自主选课——在课程实施方面，为了给学生们提供更为丰富自主的选择，学校立足校情，为学生精心制订了课后服务课程供给单。指导教师以本校教师为主、校外教师为辅，课后服务内容涉及学业辅导、培优补差、体育锻炼、艺术、科技、劳动、主题教育、学科实践等。在时间范围和内容上，充分尊重学生的自主选择，为了让家长、学生有清晰的了解，校长还专门就课后服务课程填报进行了视频会议讲解，让家长带领孩子一同选择好本学期的课程。

多元授课——为了提高课后服务的质量，学校组建了区青少年活动中心指导下的以本校教师为主，校外优质资源为辅，依托高校、吸收家长、社区参与的多元教师队伍。以学校足球课程为例：我校是市级足球特色学校，在前期足球队的基础上，为满足更多学生及家长的需求，课后服务阶段加大了供给量，引入了校外优质资源，与具有丰富经验的足球训练团队合作，聘请专业教练授课；并通过教师交流轮岗机制，调剂学区内足球特长教师到我校任职，多措并举，业已形成6人组成的训练团队。教练队伍人员上的充足，使我们能够根据学生水平和专业需求开设战术足球、实战足球、趣味足球、守门员四门课程，参与学生80余人，形成了低、中、高梯队建制，每天充分利用课后服务两小时，锻炼身体素质、磨炼意志品质，增强战术技能，科学训练，战果突出。特别是专业门将教练的加人，让学校足球课程如虎添翼，学校培养出的"黄金门将"代表朝阳区参加全市足球联赛，取得了骄人战绩。像足球课程一样，学校充分挖掘师资，拓宽课后服务的渠道，依托家校，更引入了合作办学单位（北京第二外国语学院）、社会公益志愿者、学校所在地区的社会大课堂资源等，开设英语戏剧、传统工艺、道德讲堂等特色课程，丰富学生体验，提升课后服务品质。

分层教学——为了保证课后服务效果，在具体课程的实施中，同一课程下采取分层教学的方式，分层的方式有基于年龄分层和根据水平分层两种。例如，在颇受学生喜爱的美术课程中，选课的学生涉及一至六年级，学校根据学生年龄特点分成低段、中段和高段三个班，分别针对一、二年级，三、四年级和五、六年级。在课程内容设置上更贴近学生实际情况，低段主要以儿童画为主，中段涉及水彩、水粉，高段涵盖国画、素描等项目，有针对性地进行授课。在中国象棋班编班过程中，起初我们也是像美术班一样根据年龄进行了分段，开设了低段和高段两个班级，低段班级招收一至三年级学生，从零起点开始教学；高段班级招收五至六年级学生，教学进度略快于低段。但是在实际授课中，发现两个学段中都有一些有基础的学生，也有零起点的学生。学生水平存在较明显差异，导致低段班级在授课过程中，有基础的学生感觉索然无味；高段班级授课过程中，零基础的学生跟不上、听不懂。这样的编班方式，也给教师教学带来了很大的困难，学过的学生希望教学进度快一点，没学过的学生想让教学进度再慢一点。有的家长反馈孩子什么都学不到，有的家长又反映孩子什么都没学懂，一时间授课教师也很是矛盾。再者，这样的编班授课方式也不利于学校原有高品质棋类社团的持续发展，一些之前参加过市级、区级智力运动会的学生已经具备了较强的专业素养，重新回到各个年级从头学起，无异于限制了学生的特长发展。

开课后不久，我们发现问题后立即进行调整，重新根据学情进行了再分配，分成了初级、中级水平班，因材施教，保证了课程有效实施，更保证了学生的有效获得。同样地，分层教学在学科类课程中也有着很好的体现，比如英语学科课后辅导，就在中年级开设了基础巩固和科学英语培优两种课程，针对需要个性补差的学生和强化提升的学生，做好不同类型课程的供给服务，使得有不同需求的学生都能找到对应的帮助和支持，对学习有困难的学生进行课业答疑和辅导，为学有余力的学生拓展学习空间，尽量满足家长对高质量教育的需求。

三、结语

课后服务是校内服务提质增效的重要组成部分，在这个过程中，学校要充分发挥育人主渠道作用，统筹校内、校外教育资源，统筹课内、课后两个时段，对教育教学安排进行整体规划，全面系统构建学校育人生态。在落实"双减"过程中，我校积极开展课后服务的阶段尝试，并不断地改进和完善工作，给学生们提供更多更好的选择，充分发挥学校教育的作用，提升校内教育服务质量，提高学校育人水平，让每个学生在校内能够学得会、学得好、学得足。

本篇作者简介

白雪洁，北京第二外国语学院附属小学校长，从教 20 余年，在语文教学、德育管理、教育管理方面见长。

"双新"背景下，以课堂教风为依托 促高质量育人的思考与实践

"双新"背景下，学校将承担怎样的新使命，如何构建高质量的教育体系呢？以下是笔者的思考与实践，供大家参考。

一、进一步清晰学校高质量发展的目标路径

作为基础教育工作者，首先要把握的是清晰自身的责任担当。基于为党育人、为国育才的时代使命，立足于"双新"培育"三有"时代新人的主旨，在素养导向的课程、课堂建构的坐标系中找准定位，精准把握核心要义，方可立于时代潮头，直挂云帆济沧海。

一是深入学习领会新课程方案，明晰义务教育培养目标定位。借助相关学习资料，我们更加清晰了义务教育培养目标的定位。"有理想、有本领、有担当"是对时代新人的刻画，是对为国育人、为党育才的生动回应，也"充分彰显了国家意志与中国特色"。"三有"从时代新人应有的价值观念、关键能力与必备品格三方面构成了少年儿童成长成才的三角支撑；揭示出义务教育阶段要引领少年儿童勇于担当，把理想变为现实，让本领发挥价值。站在这样的高度，才会更加精准地完善已有课程架构，指向儿童的未来发展。

二是立足育人目标定位的课程完善与重构。基于上述学习与思考，重新审视当下办学理念下的培养目标，将学校的育人目标与国家层面的培养目标相对接，在保持育人目标一致性的基础上，就更加清晰了基础教育阶段学校育人的价值与意义。笔者所在的白家庄小学教育集团一直以来秉持"尊重"的办学理念，以培养具有"北京情、中国心的世界人"为育人目标。通过不断完善"尊重"理念下"我要成为这样的人"育人目标体系，找到"有理想、有本领、有担当"的时代新人、课程核心素养培育的各个落位点，以"星级评价"为激励，启动内驱，引领学生在每一个阶段目标中实现自我发展、自我超越。

无疑，育人理念与目标同国家意志是同频共振的，但是如何更好地育人成才，还需要进一步活化课程结构，开发并实施基于"我要成为这样的人"的儿童

自励课程，这也是立足当下，实现育人目标的新的生长点。

二、把握新课标核心理念，以素养导向变革教学行为

人才的培养靠教育，高质量的教育体系离不开高质量的课堂教学。而语文课程是学好各门课程的基础，也是育人的关键课程之一。为改变语文常态课中存在的"耗时低效、碎片化、套路化、捆绑学生思维"等现象，在核心素养导引下，重点从三方面进行发力，寻求突破。

一是观念变革。一直以来，学校在"尊重每一名学生，让每一名学生都精彩"的课堂文化引领下，通过"深刻认知每一名学生都是大写的人，再有差距的儿童都值得被尊重"的观念变革，聚焦课堂，深刻变革教与学的方式。尤其在语文课堂教学改革中，更是带领广大语文教师树立"一个坚定，三个坚决不能"的意识，即坚定质量提升必须积淀在课堂、坚决不能走碎片化教学的老路、坚决不能照搬市区级以上的课件资源、坚决不能照搬各类评优课等教学设计。

二是新课标引领。组织优势力量，深入学习把握"新课标"精髓，牢记"一体化、整合、关联"几个关键词，围绕"课程目标—学习任务群—学业质量标准"进行精读深研，达到"教研再消化、复备有体现、课堂有变化"。在课堂上要"相信学生"，给予充分的合作对话、活动实践和思维空间，努力用有限的课时来撬动无限的学时。

三是高质量导行。以"高质量从何而来?"为专题，以六年级学业质量分析为突破口，引领各校区在"读懂数据、把握发展空间"的基础上，面向全体学生因材施教，击准靶心，向常规课堂教学要质量，务求以量变求质变，努力打造学生心向往之的课堂。为此，从管理层面进行变革。在贯彻既往通过"巡一巡、问一问"发现真问题与"查一查、测一测"索求结果之间，突出干部以自身学习践行"新课标"要素基础上的有效的"导一导"，开拓以干部的领导力与专业指导力带动团队高质量发展的新路径。

三、在教风研究与实践中赋能教师，打造高质量的课堂

"双新"背景下课程改革落地的关键在于教师，而教师的教育理念和综合素养又直接关系到课堂育人的成效，这需要高位引领、平稳着陆。

一是文化铸魂，为办学理念注入内生动力。在"创建一座学习的乐园"办学目标引领下，进一步明晰尊重理念下的教师文化，期待每一名教师"为尊重而来，为尊重而在，为尊重而创"。立足新时代，以加强教师课堂教风研究为切入

点，以"树教风、促学风"为主线，强化基于"教师课堂意识提升"的专题培训与系统学习，从整体上提升教师对培育"三有"时代新人的认识，加强对学校"我要成为这样的人"的育人目标和落位点的理解，提高站位，达成共识。

二是育人导向，教研从知识教法研究走向课堂育人研究。变革教研形态与组织形式，以"师能加油站"为抓手，立足于教师对"双新"学习践行的具体思考与实践，倡导将"目标—内容—学业质量—评价"关联起来，开展小专题教研，形成系列进阶式推进，寻求落实到课堂上的突破点，进一步清晰课堂育人要点与有效实施的路径。

三是反观印证，强化教师常态课堂教风自我建设。除了强化"集团—校区—年级组"层级管理模式功能发挥，学校还对教师、家长代表、学生群体进行"我理想的课堂是……不是……"主题调研，进行理想课堂的样态描摹；从中找到高频、交织的观点，予以整合，成为教师自主自修的目标，也成为家长、学生可观、可感的育人场域。让教育者与被教育者在共情中互相激发，让同伴、家长在互鉴中增进欣赏与信任，从而以课堂教风的提升形成散发"尊重味道"的优质育人生态。

四是强化成果，彰显育人价值的时代担当。通过开展教师课堂教风研究，多层次开展"优质的学科课堂观摩""我心中最美的教师""我身边的尊重故事"等活动，形成丰富多样的研究成果。在教育过程中，着力塑造白家庄小学学子的精神气象，全面提升教师育人水平。通过多项措施提升学校文化品牌输出力与辐射力，在新时代育人使命征程中，发挥应有的时代担当。

基于"双新"的丰富内涵，站在新时代新起点上，学校的担当不仅需要高站位，更需要高辨识。把准育人方向，找准新的起点与突破口，发挥立德树人的应有之义。为此，我们当不懈奋斗，奏出新时代的强音。

本篇作者简介

安海霞，北京市朝阳区白家庄小学教育集团校长，曾担任北京市朝阳区花家地实验小学校长。

陈经纶中学帝景分校"九年一贯制"成功办学策略

"九年一贯制"办学模式出现的时间并不长，那么什么是"九年一贯制"办学模式？一所新学校如何让素质教育落地生根？如何实现九年一贯无痕衔接？怎么衔接？教育如何成功促进每个学生的全面发展？陈经纶中学帝景分校经过 15 年的探索，发展出了一套成功办学策略。

一、规划美好愿景——在传承中追求创新

陈经纶中学帝景分校是一所九年一贯制学校，这意味着一个孩子最美好的九年时光将在帝景分校度过。九年对一个人未来人生观、价值观的形成、未来的发展会起到至关重要的作用。"九年奠定孩子的一生。"因此帝景分校一直有一个美好的教育理想，就是在陈经纶中学"建设个性化学校、成就个性化教师、培养个性化学生"办学理念的引领下，以自己优雅的气质、深邃的内涵去培育学生美好的心灵，去激发内在的崇高，去唤醒人的自觉，希望这个雅致的校园能够充满人文关怀，使师生的身心得以浸润、精神得以提升，让帝景分校成为他们永远的精神家园和精彩的人生起点。

二、镌刻坚实足迹——在实干中追求实效

（一）精准的办学定位

帝景分校秉承陈经纶中学"为孩子们办学"的教育传统和"老实、宜强、勤奋、创新"的教育精神，以"全人教育"和"全人课程"为全面践行素质教育的载体，让全体学生健康、快乐、主动地发展，并努力为每个学生的全面发展提供最适合的教育、为每个学生的健康成长提供最有保障的教育，为每个学生的个性培养提供最有特色的教育。力争让每一个经纶学子"带着健康的王冠，睁着理性的双眼，挺起自信的胸膛，装上知识的马达，插上科技和艺术的翅膀，扬起理想的风帆，翱翔出陈经纶中学，成为国家的英才和栋梁"。

（二）精细的一体化无痕管理

学校如何发展？向哪个方向发展？管理是关键。什么是管理？管理就是决策，管理就是给人创造成功的机会，管理就是"抠"细节。正所谓仁者见仁智者见智。

我所理解、感悟的"管理"是什么？"管"与"理"相辅相成，但是"理"字是关键，原因是："理"——天理、法理、伦理、事理是"管"的依据；清理、料理、打理是"管"的过程；条理、合理、在理就是"管"的结果。

管就管在该管处，理就理在细微中。我希望学校的管理要有科学性——让每个人高效地做事。学校的管理要有艺术性——让每个人愉快地做事。学校的管理更要有战略性——让每个人做正确的事！时间跨度九年的学校怎么管？如何实现一体化学校的管理？

首先，构建九年一体整分矩阵式管理模式。

创设"一三九整分矩阵式管理模式"，即校长书记领导下的"三部"：教学研究部、学生服务部、行政物业部，三部分别管辖九个中心。"整分矩阵"，"整"的是学校整体规划、办学目标、学校管理；"分"的是把管理分成一条条线，分阶段、分层级落实。"分"是以"整分管理"为核心思想、以"矩阵"为表现形式的。整中有分、分中有整。相互交叉、相互配合，共同围绕办学目标实行九年教育的无痕迹衔接。

其次，构建九年一体教育教学管理体系。

一是建立德育管理七大体系：

常规体系制度化——我们把职责、行为、奖惩等零散的制度进一步细化、归类，通过"每日抓细节、每周抓总结、每月抓评价、学期抓反思、学年抓目标"五条途径落实常规工作；

培训体系专业化——实施班主任、年级组长、教师三级培训，提升教师的专业素养和专业技能；

流程体系规范化——建立了包含德育处主任、年级组长、班主任在内的落实到每日、每周、每月、每学期工作的"流程管理体系"；

活动体系系列化——围绕"五育人"，把 1 至 9 年级系列活动从年级活动目标、活动主题、活动内容进行系统梳理，形成完整的九年活动体系；

此外，通过评价体系科学化、特色体系鲜明化、家校协同体系多元化，充分利用九年一贯的优势，力求九年一贯的逐层递进。

二是建立教学管理八大体系：

培训体系综合化——利用学期大培训、每月专项培训、每周教研组的微培训，提升教师的专业素养；

备课体系框架化——通过教研组框架式备课、备课组集体备课、教师个体备课，使三级备课做到既凝聚全组智慧，又彰显个性；

课堂体系自主化——通过预习、划分课堂、当堂反馈、"作业超市"，努力实现课堂大容量、快节奏、高效率的目标；

监控体系多样化、分析体系层次化——构建学校、教研组、年级组和个人三级质量监控及分析体系，做到知己知彼；

课程体系个性化——构建"三维""五领域""十五类别"的九年四段"EOC（E：Experience 体验——指学习方式，O：Open 开放——指教学态度，C：Comprehensive 综合——指课程方式）精致课程"体系，促进学生全面发展；

流程体系规范化——教学处、教研组和教师日、周、月、学期的流程管理贯串教学全过程；

评价体系人性化——发挥激励导向作用，客观评价教师工作，调动教师积极性。

"每一个步骤都要精心，每一个环节都要精细，每一项工作都要做成精品"是我们精细管理九年的工作要求。我们不仅用"心"、用"情"，更要用"制度"来管理，"制度抓实一切"。当我们摒弃浮华，转向理性与务实，制度带来的必然是井然有序、蓬勃向上的良好校风。

（三）精良的育人队伍

首先，精细化管理干部，抓根本。"干部正则校风正、干部优则群体优、干部强则学校强。"如何建设干部队伍？我们有以下三条路径：

一是我们共同成长。每周行政例会第一项内容就是 15 分钟的"我们共同成长"主题学习。每学期有培训目标，比如 2018—2019 学年，我们的培训主题就是"能力是证明出来的"。干部人人都认为自己拥有一定的能力，人人都想表现出超强的能力。到底能不能、究竟行不行，要拿实力来证明。我们力争打造"鹰一样的个人，雁一样的团队"，每周有具体的学习内容，如"管理小锦囊""好书共享""典型案例赏析"等，其目的是让干部们能高屋建瓴地观察问题、分析问题、解决问题。

二是周工作轨迹。干部该干什么？怎么干？怎么从细微的一点一滴引领干部做好本职工作？周工作轨迹无疑是干部成长的一条路径，要求干部每周梳理自己的工作，不仅要预先规划一周工作、处理好临时工作，还要进行周工作反思。

"每周一例"是学校行政会的第二项内容，就一名干部的周轨迹进行分析和点评。

以小学教学主任的周轨迹为例：上午 10:00 前将三、四年级的预习稿送到教学处。我问她："你的工作是什么？周三检查各班阅读的具体内容和落实情况，这是你的工作！"周四、周五，她的工作多是收集、收集、再收集，我给的批注是"这不是你的工作，你的工作不仅是收集，更是检查、指导、审定"。

这样的分析让干部的定位、标准逐渐清晰，做到不越位、不缺位、不错位。

三是"领航者"——干部轮流值周，深入基层，全面了解情况，让先进的理念和高效的执行力成为示范。

一系列的举措，在努力实现着干部"在困难面前要顶住、在压力面前要挺住、在机遇面前要抓住、在竞争面前要跟住"的承诺。

其次，精细化管理教师，抓关键。在教师管理工作中，强调四个坚持不懈。

一是抓教师思想坚持不懈。

以 2020—2021 学年加强师德建设举措为例，师德建设主题是："追逐经纶之梦、谱写帝景新篇。"培训内容有两个：

其一，"我是光荣经纶人"——打上经纶烙印。通过"初识经纶""了解经纶""感悟经纶""读懂经纶"，每月组织一次教师学习陈经纶中学光荣历史，读懂陈经纶中学近百年发展的历程和优异的办学成果及帝景分校 15 年来跨越式发展的策略与成绩，增强教师的荣誉感和责任感，在教师们的心中深深地打上经纶烙印。

其二，"我做光荣经纶人"——践行经纶精神。以榜样示范的"正面积极"评价为主导，教师学年考核、学期师德标兵、每月的"课堂教学之星""骨干示范之星""健康之星""艺术之星""读书之星"系列正能量评价，让学校群星璀璨。努力，人人都有机会；先进，人人都可获得。

系列培训提高了教师职业的认同感、教书育人的使命感，全体教师都把追求真理、塑造心灵、传承文化、实现价值当作人生的最大追求。

二是抓教师培训坚持不懈。

学校的可持续发展靠什么？靠教师。我们对全体会进行改革，"相约星期二"应运而生。我们以"十大幸福工程"为依托，全方位培养教师。

艺术鉴赏、提升品位：全体会前 10 分钟的精彩回眸，让教师们重温一个个精彩的瞬间——素质教育大舞台全体教师的亮丽展示，市级、区级艺术比赛中的师生精彩表演，别具特色的教师生日会……令人感动的温情画面，既愉悦心情又增添荣誉感。

榜样示范、净化心灵：挖掘并树立自己身边兢兢业业工作的教师榜样。

教师社团、丰富生活：成立健美操、瑜伽、摄影、西点等教师社团，丰富教师的生活。

强身健体、导航健康：助力教师强健体魄，阳光工作。

名师讲堂、专业引领：促进教师专业发展。

……

十大幸福工程从思想境界、业务能力、凝心聚力等方面，促进了教师和学校的发展。

三是抓教师基本功坚持不懈。

通过"三级导师梯级带教""班主任工作室"，从"说课、研课、导课、思课、案例分析"等方面夯实基本功，每一项基本功不走过场，而是做到"目标清清楚楚、过程扎扎实实、评价实实在在"，培养稳定的梯级人才队伍。

四是抓教师反思坚持不懈。

"坚持三级反思"，即每节课后小反思、每月专题反思、每学期深入反思。随时梳理和思考工作中的得与失，让反思成为教师成长的重要路径。

四个"坚持不懈"，强化了教师的责任意识，"我教我管我负责；我学我研我提升；我苦我累我快乐"的学校精神深入人心。共同的价值取向，打造了一支优秀的团队。我们由建校初没有一名骨干教师到现在拥有市级和区级骨干教师、骨干班主任、学科带头人35人，几乎占教师人数的一半。

（四）精巧的课程设计

在课程建设方面，帝景分校以学生为主体、以课程为第一支点，追求学生的全面发展和个性成长，构建了"三层次、五领域、十五类别"的九年一贯"EOC精致课程"体系。

我们以三个"个性化"为课程建设的总目标，以"经纶小天使"作为课程的育人目标，努力促进学校的可持续发展、教师的专业发展和学生的个性化发展；以"体验、开放、综合"为课程建设的原则，保证课程建设的正确方向，提高课程建设的质量。

课程体系的三个层次是指：面向全体学生普及的基础类课程、面向不同层次的拓展类课程、面向个体的特长类课程。

课程体系的"五领域"是指：责任与担当、人文与素养、思维与创新、健康与审美、交往与实践五领域。

在此基础上，我们按照九年四段对课程进行细化，开发了15个类别的"课程超市"，为学生提供更多的选择。不仅满足多数学生的成长需要，还能满足学生个性发展的需求，让学生在课程学习中进行体验；在主题活动中受到教育；在社团活动中发展个性；在展示交流中施展才能；在社会实践中开阔视野，陶冶情操，磨炼意志。

（五）精琢的教学实践

坚持"以学论教""以学定教"，针对生源质量低、师资不强等问题，量身定做"关注差异、关注过程、关注细节、关注个体生命成长"的"七环节有效教学模式"，形成了学校的教学特色。

我们通过"每周早知道"，让家长了解学校工作，实现家校协作，互通共育；通过寒暑假的大预习、每周末的中预习、每日课前的小预习的三级预习，层层递进，突破预习不落实的薄弱环节。通过"三三三自主课堂"的构建实现三个标准——规范的课堂、活动的课堂、有效的课堂。体现三个特点——快节奏、大容量、高效率。力争三个实现——实现知识的掌握、方法的获得、能力的提升。通过学校首创的"作业超市"落实减负提质，让学生在适合自己的"最近发展区"获得成功的体验；少而精的作业，要求教师作业批改要到位，激励批语要恰当，善于抓住时机鼓励学生，提高学生学习兴趣；通过教师"阳光行动"和学生间的小组合作学习，实现对潜能生的辅导，让"阳光"真正照耀到每一个学生的心田；通过节节清、日日清、周周清，让每一个学生看到自己的优势和差距、明确下一步努力的目标。

"七环节有效教学模式"，强化了教师的责任意识、团队意识、质量意识、科研意识。共同的价值取向打造了一支团结向上、无私奉献的团队。各学科贯串三年"预习题库"和"四清检测题库"，实现了学科间的资源共享；有效教学的实施，促进了学生习惯的逐渐养成和能力的稳步提升，实现了成绩的突飞猛进，真正把减负提质落到了实处。

（六）精心的育人活动设计

活动是育人的主渠道，学校围绕"五育人"，把零散的活动梳理成清晰的五条线路——例行活动、创新活动、临时活动、实践活动、1至9年级活动。

以1至9年级活动为例，包括常规活动和特色活动。

常规活动，即各年级明确各年级活动目标，设计一学年系列活动。比如：初中一年级的"迈好青春第一步"，从"初识经纬""了解经纬""感悟经纬"到"读懂经纬"设计的系列活动。抓住中小衔接的特点，力求使学生能够深度了解学校，增强班级凝聚力，培养学生做经纶学子的自豪感和荣誉感。初中二年级的"多彩的青春"，通过"畅想青春""感受青春""感动青春""飞扬青春"系列主题活动，真正让学生体会到在青春中成长和成熟，做到平稳过渡、快乐成长；初中三年级的"我们相约一起飞"，通过"扬帆起航""潜心备战""蓄势待发""决战冲刺"系列活动，激发学生的学习动力，坚定必胜的信心，培养良好的心态，最终实现自己的梦想。

特色活动则指 1 至 9 年级学年特色活动。比如：一年级的集体生日，二年级的超市购物，三年级的家庭做客……我们努力以活动为载体，让学生们在快乐中成长，在成长中收获，在收获中幸福。

（七）精诚的人际关系

就一所学校而言，硬件设施的价值是可以估量的，但是精神状态所带来的价值则是无法估量的。一个人的精神状态好就是元气充沛；一所学校的元气指数高，它的核心竞争力才能强！元气指数从何而来，我想就是人际关系的精诚。

我们打破以往中小学干部各管一段的格局，在统抓统管的基础上有所侧重，避免本位主义和工作上的内耗；打破中小学学科间的藩篱，尝试英语、体育、艺术九年大教研活动方式，站在九年的高度设计教学，教师的教学不再局限中小学，部分学科采取中小学循环，形成一个九年无间隙的教师团队；我们成立了班级、年级、学校"三级家长教师协会"，形成了一个强大的、密切的家校关系的团队，构建了梯级领导机制（会长、秘书长、理事会成员），并建立了工作章程和实施细则。利用家长资源建立了"专家讲师团""公物维修团""活动策划团""课程助教团"，在校园文化建设中，在运动场上，在学科活动和实践活动中，都有家长们忙碌的身影。参与学校管理的家长们，成了校园里一道亮丽的风景！精诚所至，金石为开。精诚的人际关系形成了帝景分校强大的核心竞争力。

（八）精美的校园环境

走进帝景分校，与众不同的是没有豪华的装修，没有大段的宣传文字；有的是家一样的温馨，有的是"此处无声胜有声"的氛围，七彩的大厅祥和安逸又充满生机；琴声、水声、笑声，生机盎然的绿萝、出淤泥而不染的荷花、游动的小鱼，共同勾画了一幅幅人与自然和谐温馨的画卷；走进校园，处处是花香，让绿色走进校园、走进班级，让学生在花香中养心，在花香中陶冶情操；走进校园，处处是书香，遍布校园的图书角别具特色，学生们在书的世界里陶醉；走进校园，处处是声音，歌声、笑声、读书声声声入耳，师生在愉悦中幸福地工作、幸福地学习、幸福地生活；走进校园，您会发现每一张桌子、每个角落都会说话；"班级小当家"有序管理，每一个鱼缸、每一盆花都有主人，我们引导学生"热爱生命"从点滴做起；走进校园，一排排桌椅、一个个靠垫、一盏盏台灯，仿佛都诉说着百年经纶厚重的文化底蕴和为民办学的宗旨。建设启智增能的学园、陶情养性的花园、彰显个性的乐园、幸福快乐的家园，是我们永远的追求。

三、展望美好未来——在创新中追求卓越

建校以来，我们实践着、付出着、收获着、快乐着。我们的努力促进了学校整体的建设和发展。我们将继续深入探索九年一贯制办学策略，努力把九年做细、做精、做强、做出特色、做出品质。"让帝景成为幸福的家园、让教师享受教育的幸福、让学生享受幸福的教育、让家长拥有养育的幸福"，是帝景分校的美好愿景。

本篇作者简介

刘雪梅，北京市陈经纶中学教育集团校长，兼任陈经纶中学劲松分校、帝景分校校长；朝阳区第十六届、十七届人大代表。

打造"标杆"学校，全面提升人才培养质量

　　铭记新时代中国特色社会主义教育事业的内涵与精髓，锚定新征程教育工作坚定不移的航向，是教育工作者矢志不渝的追求与奋斗目标。作为校长，尤其要坚持正确的办学方向，坚定正确的育人理念，坚守正确的育人初心，办好有中国特色的社会主义教育事业，培养祖国建设最需要的人才，让我们的学校与党和国家同频共振，始终充满不竭的前进动力。

　　北京第五实验学校是北京市统筹建设的"高起点、高品质、国际化、可持续"特色优质学校，是直属北京市教委的集小学、初中、高中一体化的全日制公立学校，由北京十二中联合学校总校承办。2022年9月，在北京市委、市政府的领导与支持下，北京第五实验学校正式成立。这是深入学习和贯彻新时代中国特色社会主义思想、落实全国和北京市教育大会精神、贯彻北京市政府关于"在重点新城和生态涵养区启动新建一批示范性学校"要求的具体体现。北京第五实验学校充分发挥优质教育在吸引人才和支持发展方面的积极作用，满足丰台区人民对高质量教育资源的需求，为丽泽金融商务区、中关村科技园区丰台园提供更加优质的教育服务。

　　北京第五实验学校作为一所品质卓越、高质量发展的基础教育改革实验校和示范校，从规划、筹建到借址开学，茁壮成长，逐渐成为一所具有"标杆"性质的学校。学校始终坚持以新时代中国特色社会主义思想为指导，全面贯彻党的教育方针，落实立德树人根本任务，致力于教育改革、发展的探索与实践，为学生的终身发展奠基，促进学生在知识、意志和情感上的和谐统一与发展，实现以国际化的视野和思维与世界接轨、以现代化的格局和眼光与未来对话。注重以德为先，注重全面发展，注重面向人人，注重终身学习，注重因材施教，注重知行合一，注重融合发展，注重共建共享，培养能够与自我、与他人、与自然、与社会、与世界和谐相处的新时代创新型、复合型人才。

一、打造一所具有"标杆"性质的学校，要充分发挥新建校的后发优势

北京第五实验学校以改革、开放、包容的胸怀，引进、接纳、吸收各类优质的教师资源、育人资源，争取创造一切可能的有利于学生成长、发展的优势条件，为学校筑牢办学基础助力。学校的活力还体现在不断深入开展教育教学改革，突出"实验"特色，落实创新人才培养各项举措，全面提升学生核心素养等方面。学校积极落实"双减"政策，一方面保证学生在校有足够的体育锻炼时间、社团活动时间、科学探究时间、文艺实践时间，为学生德智体美劳全面发展搭建高端的平台，为学生展示自己的风采搭建充分的舞台。

另外，学校还将组织各学科教师开展课堂教学效果提升专项研究活动，在以多种手段和措施提升课堂教学效果的同时，优化各学科作业设计，将减负增效的目标落到实处。面对国家发展的新征程，面对新科技革命带来的颠覆性变化，拔尖创新人才的培养也是北京第五实验学校实现高质量办学的重要杠杆。为此，北京第五实验学校全力打通高校资源，联合清华大学、北京师范大学、中央民族大学、首都师范大学等高校，为学生进入高校开展科学探究实践活动，提升创新实践能力提供了有利条件。同时，学校积极开展科技节、劳动实践等综合实践活动，帮助学生提升思考能力、提高动手能力。

二、打造一所具有"标杆"性质的学校，要制订可持续发展的战略规划

学校在参考学校评估机构认知标准、已有研究、实践经验的基础上，制订了北京第五实验学校的阶段发展目标。

第一阶段目标为基础建设——确定各类制度与硬件条件的基本保障，确立明确的办学理念体系。学校在宏观理念层面完成特色设计，并将其作为对学校未来特色发展的价值引领。完成理念体系、德育目标、学风校风、校园环境等特色建设的同时，重点建设教师队伍、课程体系、校园文化、组织体系等。

第二阶段目标为稳步提升——在学校发展第一阶段的基础上，稳步促进学校的内涵发展。学校将继续加强内涵发展的特色建设，需要进一步重点发展的内容包括教育科研、治理体系，这两项内容有助于教师的专业化提升和学校的可持续发展。

第三阶段目标为特色初显——在保障学校运作顺畅的基础上，进一步促进学

校办学特色的突显。学校一方面需要继续强化内涵发展，突出特色建设；另一方面需要对已经初步形成特色的内容与形式予以维护和强化。需要说明的是，如果出现宏观背景的整体性变化，学校有可能对某些领域已形成的特色进行调整甚至颠覆性的改变。

三、打造一所具有"标杆"性质的学校，要全力突出学校的办学特色

（一）管理特色

一是具有现代教育管理理念。

学校不仅是师生接受教育获得进步的地方，也是管理者实现自己管理思想，获得发展的平台。这就需要管理团队具有创新意识、开拓精神，以及深厚宽阔的知识背景、优秀人格品质和前瞻性的现代教育管理思想。

二是构建现代教育管理模式。

学校管理机制要科学化、规范化，要成立学校发展中心、课程和教学指导部、学生成长指导部、教师发展中心、后勤保障部、行政服务平台等，确保学校管理科学规范。同时，学校要突破学段分界线，围绕学生持续发展构建十二年一贯制教育管理体系。

三是要突出学校管理的顶层设计。充分发挥北京十二中联合总校托管的优势，实现市属学校与北京十二中联合总校优势互补，发挥一贯制无缝衔接基础教育各学段的独特优势。结合丰台丽泽金融商务区和中关村科技园区发展的实际，集中有效资源，形成优质教育资源辐射区域，探索自主办学，创新学校发展途径。

（二）教育教学特色

一是营造基础教育育人环境。在充分汲取北京十二中联合总校成功办学经验的基础上，北京第五实验学校始终树立以德树人的教育观念，把校园的每一个角落、每一个时刻、每一个环节都变成育人环境，塑造学生人格品质，培养自我管理能力，激发学生探究学习的内驱力，培养高品格人才。

二是吸取国际教育理念的前瞻性理念。基于国家基础教育课程标准，借鉴国际优质课程框架，以培养具有国际视野、敢于探索、具有批判性思维和创新精神、能运用先进科学技术的人才为己任，在教育实践中形成特有的教育理念和育人模式。

三是开发特色育人模式。学校充分利用丽泽金融商务区和中关村科技园区各

方面资源，以数学模型、计算机、智能交通、人工智能技术等为基础，为学生开发社会实践课程，培养学生科学素养，培育特色人才，打造学校品牌。

（三）资源性特色课程

一是德育课程。在国家积极倡导和实施课程思政的大思政教育理念的背景下，建立以"生活习惯""生存技能""生命智慧"为支点的螺旋递进纵向一体化培养模式。根植传统文化精神，弘扬中华美德，塑造学生优秀品格，培养热爱生活、善于生活的人。

二是生涯规划课程。从为学生终生发展奠基的视角，积极开发并完善学业规划、职业体验、青春导师等生涯规划课程，助力学生的可持续发展。

三是金融商务素养课程。利用丽泽金融商务区的资源优势，开发适合中小学生的金融教育课程体系；借鉴国际课程，开设少儿编程、金融透视等普及金融知识和金融技能实践类活动课程，提高金融素养的同时培养学生的诚信观念、风险意识和社会责任感。

四是探索特色学习方式的课程。在以计算机等为核心的课程基础上，借鉴STEM等课程项目学习方式，培养学生跨学科探索学习的能力，综合培养学生学术素养，形成科学研究能力，突破传统学习方式。

五是资源性国际视野课程。改变传统语言学习模式，在生活中培养学生运用英语交流的能力，开发具有国际视野的课程，引进批判性思维课程，提升学生交流能力，培养国际化人才。

（四）师资队伍特色建设

一是以承办校优质资源为引领。充分发挥承办校优质师资资源作用，通过课堂培训、基本业务技能培训、高层次教研引领、网络教研指导等方式，缩短教师培训周期，打造教师成长特色途径。

二是依托校本教研提高师资业务技能。通过校本课程开发和校本科研课题研究，挖掘校内教研资源，在教育实践中提升教师业务能力，以教育工作的实际需要为内驱，推动教师自我培训，构建师资校本培训特色平台。

三是引进特殊人才构建特色教师队伍。聘请或引进金融商务专业人才，为金融商务特色教育的开发、实施与创新实践提供师资，形成学校师资队伍发展特色。

（五）校园特色

一是建筑特色。以学习者为中心，营造社群归属感，亲近自然与生命，关注空间的灵活性、适应性和可持续性，打造智慧校园。既要融入传统文化中的建筑特色，又要体现丽泽金融商务区的现代元素，将校园自然融入商务区内。用智能建筑管理系统、智能安保系统、数码通告栏、家长互动信息、社区共享计划设施、预订系统等软硬件系统，打造一座具有现代化、国际化特质的智慧校园。

二是校园属地文化特色。校园文化呈现出与丽泽金融商务区相关联的设计特点，同时充分展示出学校的特质、办学特点，展示校园开放、活泼、严谨的文化风格。

三是学校文化特色。鉴于学校地处丽泽金融商务区的地域特性，学校将通过校企联合的方式，以课程、综合活动、社区服务课程为载体，打造科技展示平台，有效结合特色课程，厚积特色文化。

生逢其时，重任在肩，站在新征程的起点上，万千教育工作者携手努力，为党育人、为国育才，我们的教育事业一定会呈现出新的面貌，实现新的跨越。北京第五实验学校将以党的二十大精神为指引，以党和国家的育人目标为导向，以学生全面发展为目的，全力打造一所具有引领和示范作用的首都基础教育"标杆"学校，办好人民满意的教育，以优异的办学质量服务丰台区经济与社会发展，为全面建设社会主义现代化国家、全面推进中华民族伟大复兴贡献自己的一份力量！

━ 本篇作者简介 ━

阮守华，北京第五实验学校执行校长，中央民族大学硕士生导师（兼），曾任北京十二中副校长，首都师范大学附属中学实验学校校长。

文化引领，科研赋能，促育人质量提升

百年大计，教育为本；教育大计，教师为本。提升教师专业能力是学校发展的基础，学校在教育培养学生的同时，也要大力提升教师的专业水平，助力教师尤其是青年教师的成长，只有教师整体水平提升了，学生的发展才能得以保证。我认为校长在工作中，应该从专业实力、管理能力、科研赋能等方面做好示范引领，为教师专业发展导航助力，促进育人质量的提升。

过去四年，陈经纶中学分校望京实验学校实施"美好教育"理论与实践的探索，推动了学校办学特色形成；集团化办学促进了学校转型升级和内涵发展；云端战疫开辟了师生成长新航道；教育科研促进了教师专业和学校育人质量提升。我校以亮眼的成绩，向学生、家长和社会交了一份满意的答卷。学生、家长的获得感和学校的办学满意度明显提升。作为我校"美好教育"文化的发起者，我对此深感欣慰。

一、构建美好教育文化，坚守教书育人使命，落实立德树人根本任务

（一）把握时代教育脉搏，聚焦学校发展瓶颈

近年来，在教育"深综改"政策背景下，受区域名校办分校、引进资源校和大学办附属学校等教育资源整合策略影响，望京地区优质教育资源不断增加。这些优质教育资源的增加，一方面满足了地区百姓对优质教育资源的渴望和需求，另一方面也对区域原有优质学校办学提出了挑战。

（二）构建美好教育文化，为立德树人提质赋能

针对以上思考，我校领导班子对"培养什么人""为谁培养人""怎么培养人"等问题，展开了广泛的调研和深入思考，在全体干部和教师中开展了广泛的讨论。通过学习讨论和理论与实践探索，逐步构建形成了以"办美好教育，启幸福人生"为教育理想，以"为美好生活准备，为美好人生奠基"为办学思想，以"美好管理""美好课程""美好课堂""美好教师""美好协同""美好少年"为实

施路径，以为教师、学生实现"美好"能力为教育追求的"美好教育"文化理念与实践体系，形成了"美好教育"文化。

四年来，我校坚持美好教育理论与实践研究一条主线，着力探索美好教育本质内涵，构建美好教育理论与实践体系，积极探寻美好教育文化建构路径，探索美好教育实施策略。经过四年的理论与实践探索，美好教育文化已经成为我校办学的纲领和师生行动的指南，成为我校落实立德树人根本任务的重要举措。

二、探索美好教育理论与实践体系，优化学生成长路径

（一）探索美好管理策略，向规范与有效要质量

美好教育的实施离不开优质、高效的管理体系，教学质量的提升更离不开教学常规和中考备考流程的有效落实。四年来，我校始终坚持问题导向，聚焦教学质量提升，从备课、上课、作业、辅导、质量监控等环节入手，聚焦"精、细、实、严"。向目标和标准要质量，向扎实和细节要质量，向规范和有效要质量，具体落实在以下三个方面：

一是狠抓"集备"，抓实"六备"，向"细节"要质量。

二是跟紧"集团"，坚持"三同"，向"标准"要质量。

三是坚持"集诊"，定期"监控"，向"管理"要质量。

（二）构建美好课程体系，为学生一生发展奠基

课程文化是学校文化建设的核心，是学校育人目标达成的基础。我校围绕党的教育方针、办学理想、办学理念、育人目标，充分考虑社会主义核心价值观和学生核心素养培育，在确保国家课程开足开齐高质量实施的前提下，构建形成了"三六九""美好课程"体系。实现了核心素养全覆盖，为学生提供了丰富课程资源。比如，以九大课程群促进学生自主探究学习，满足不同学生的不同需求，促进学生全面发展、个性发展和学业水平提升。

（三）加强美好课堂研究，优化学生成长主渠道

四年来，我校坚持开展教学规律研究，坚持教与学方式变革探索，带领教师们深入开展课堂教学实践。干部、教师通过一起备课、上课、反思、听课和评课，提出"三六九"美好课堂策略。

"三"，即三个原则：以先进的教育理念为引领，以信息技术与课堂深度融合为特点，以学生学习实际获得为原则。

"六"，即六个助推：以问题、质疑、评价、工具、技术和情感为要素。

"九"，即九字方针：大容量、快节奏、高效率。

"三六九"美好课堂策略的实施，引领教师课堂从"知识课堂"向"思维课堂"转变，引领学生从知识积累走向素养发展，成为我校独特的课堂教学文化。美好课堂研究优化了学生成长主渠道，促进了学业水平和学校育人质量的提升。

（四）坚持教师优先发展，以科研促教师专业成长

教师是学校课程建设、课堂实施的主力军。在我校"美好课程"体系建设、"美好课堂"实践和探索过程中，在我校的教育教学改革过程中，我们始终坚持以问题为导向，引领干部和教师将问题转化成课题，通过研究去解决问题。我校共申报国家级课题 3 项、市级课题 5 项、区级课题 6 项，促进了教师对教育教学的研究与思考。以参加朝阳区教育督导室理想教育文化课题研究为例，在课题组倡导的"一个价值观、二个方法论、十二个教学策略、四大能力培养、三个真正落地"课题理念的引导下，借力专家们手把手跟踪式指导，通过单元整体教学设计研究、靶子课教学实践、课题研讨交流、参与课题校教研等活动，教师们逐渐体会到追求知识积累的课堂与追求育人价值的课堂的不同。通过课题研究，校园里的"研究味""学术味""文化味"越来越浓厚，教师们能够围绕学科教学"真问题"开展真诚交流，研究和实践过程真实，教师的教育理念、教育教学行为等方面均有了一定转变和提升。

（五）坚持学生发展为本，促学生综合素养提升

融合创新，促进学习方式转变。通过课题研究，逐渐探索形成了"趣学乐考"流程图、"趣学乐考"在线题库、"趣学乐考"学科实践案例等课题研究成果。学生通过线上学习、线下竞赛的方式进行知识内容学习。通过这种学习方式的创新，学生学习内驱力得到充分激发。课上课下、线上线下、自主合作、积极主动参与学习，学习主动性明显提升，达到了转变学生学习方式、推动学习方式创新的目的。学校融合创新成果得到上级认可，朝阳区名校长工程立项课题顺利结题。2020 年，我校被评为北京市百所融合创新课题示范学校（朝阳区仅 9 所）；2021 年，我校入选北京市百所融合创新基地学校（朝阳区仅 6 所）。目前，我校为朝阳区唯一荣获"双百"项目的学校，并于 2022 年获得北京市百所融合创新基地优秀学校称号（朝阳区仅两所）。

系列举措，精准帮扶培优拔尖——一是针对部分学生，部分薄弱学科，建立

"导师制"，进行精准帮扶，给予学生学习、思想、心理等全方位的指导。导师精准关注、及时鼓励，激发学生的内驱力，促进学困生的进步和学优生的拔尖。二是实施"好帮好"项目，助力拔尖人才培养。为帮助"准拔尖"学生达到拔尖创新人才标准，学校从我校毕业升入 985 大学的学生中选拔优秀者，作为初三优秀学生的学业人生导师，定期开展线上线下辅导，为初三学生带来学习方法、人生感悟、家国情怀相关课程。通过学长引路，用优秀引领优秀，助力美好少年从"优秀"走向"拔尖"。三是"混合式"教学研究，助力优秀学生领跑。中考复习阶段教师们根据学生的学习层次，建立不同层次的学习群。教师通过提供学习资源、发布学习任务、提供学习任务单，指导学生在线自主学习，为同学们讲解；通过网上交流研讨，解决学生疑惑。同时针对学生困惑，指导优秀学生成为"小先生"，通过这样的方式，锻炼、助推不同层次学生快速成长。

丰富活动，加强综合素质提升——美好教育促进教与学方式的变革，系列主题教育活动为师生提供了更为广阔的成长平台，学生的体育、艺术、科技特长日益彰显。近五年，学生在体育、艺术、科技各级各类比赛中获奖人数达 8000 余人，回应了"五育"并举理念，学生的综合素养得到提升。

（六）坚持家校协同育人，打好家校共育组合拳

成立家校四大联盟，家校共同参与学校重大活动和重要节日活动。美好协作是在"美好教育"活动框架下逐渐完善和发展起来的家校合作关系。美好协作立足于学校和家长之间的互相信任和尊重，采用多种途径和方法，形成以学校为主导的学校—家长—学生之间，以及家长—家长之间的美好教育共同体，共同促进学生全面健康发展。

教育活动是联系家长和学校关系的重要纽带，可以调动家长的积极性。比如经过协商建立学生家庭劳动项目、校内外合作促进学生特长发展项目等。成立家校四大联盟，家校共同参与学校重大活动和重要节日活动。

三、深化美好教育成果，为"双减"落地赋能

美好教育推动了我校教育理念的转变，在教学质量、办学成果和教育影响等方面逐渐形成成果，产生影响。

办人民满意的教育任重道远。面向未来，我校将以党的二十大精神为指引，坚守为党育人、为国育才的初心和使命，牢记立德树人根本任务，以培育有理想、有本领、有担当的堪当民族复兴大任的时代新人为己任；并进一步加强教育

科研引领，进一步挖掘美好教育本质内涵，积极探寻更为完善的美好教育文化建构路径，探索更为有效的美好教育路径和策略，推动美好教育文化由"全景"走向"街景"，从"品牌"走向"金牌"，为培养德智体美劳全面发展的社会主义建设者和接班人，为办人民满意的教育而继续奋斗！

── 本篇作者简介 ──

刘美玲，北京市陈经纶中学分校望京实验学校校长，北京市普通名师研究会校长专业委员会委员，北京可持续发展教育协会理事。

兼容并蓄　养根俟实
——以文化建设促进学校全面发展

陈经纶中学嘉铭分校创建于 2003 年，是朝阳区第一所九年一贯制社区学校和学区化改革示范校。从 2017 年起，嘉铭分校合并三所薄弱校，接收两个新校区，成为北京市大规模办学的九年一贯制走读和住宿两制并存的学校。目前，学校有在校生 6000 余名，教职工 450 名。

嘉铭分校顺应国家教育事业发展形势，以文化建设促进学校的全面发展。学校打造了冰雪运动、科技教育、国画等八大项特色课程，赋予了嘉铭学子全面发展的基础实力，嘉铭分校以办学的优异成绩产生了广泛的影响力，狄得区域白姓的高度认可。

一、以无形的文化传递学校发展的"内功"

嘉铭分校基于对陈经纶中学百年"宜强、勤奋"办学传统的传承，奠定了"老实做人、勤奋做事"的人文底蕴和"自强不息、创新发展"的教育情怀，坚持"为党育人、为国育才"，与国家教育发展同频共振。学校积极营造"让有信仰的人讲信仰，让优秀的人培养更优秀的人"的教育氛围，让"有法、有规、有畏、有序、有礼、有道"成为师生的言行认同，通过学校"优质优酬、奖优罚劣"的评价体系，"让优秀成为习惯"已成为嘉铭人共同的价值追求。

2017 年嘉铭分校进入办学的又一个起步阶段，嘉铭分校实施了"一个学校、一个标准、一体打造、一体管理"的多校区统一管理模式，构建了五级干部"纵到底、横到边"的立体管理框架。我们以"坚守并弘扬本部优势，整肃和梳理症结问题，确立并借势发展目标，强化并考核常态管理"为整合策略，预见问题有对策，整改问题有决心，矫正偏颇有氛围，标树榜样有导向。快速并强势介入，实现了"一学期变样、一学年见效、两年提升、三年全优"的发展目标。

二、以有形的文化传递学校发展的"情意"

"文化"一词，最早出于《易经》："观乎天文，以察时变。观乎人文，以化成天下。"现取其教化天下之义。学校文化是社会文化的一部分，是以校园精神为主要特征的一种群体文化，并通过校园建筑、校园景观等物化形态传达学校的校风、学风、人际关系以及共同形成的行为准则。嘉铭分校"书香敦品，德行励学"的办学理念，是在表达"文化立校"的本真想法，让"为学先立志，立志先立德"成为嘉铭学子的人生准则，"为学先穷理，穷理先读书"成为嘉铭学子的生活方式。通过"以德促行、正行养德"的教育氛围和"书香校园"的立体打造，呈现"尚德、崇学、读书"的文化氛围。

（一）嘉铭紫藤文化阐释

嘉铭紫藤文化，是"以物为媒，与物相应，相宜相生，化成嘉铭"，是学校文化的标识和载体。源于嘉铭分校学校门口的一株百年紫藤，似与经纶百年办学相应相生。十年前，有一位耄耋老人专门从江苏回来看这株紫藤树，他手扶虬曲的枝干热泪纵横，讲了他祖父讲给他的故事：曾经的稻田变成铸铁厂以后，一代一代人一直无言守候着这棵紫藤树，它是几代人情感的寄托和可见的记忆，见证了时代的变迁。嘉铭分校的这株紫藤树近年来又陆续在好几部热播电视剧中登场，成为一处景观。从 2012 年开始，嘉铭人开始以紫藤树为铭刻嘉铭分校记忆的标识，它是见证嘉铭分校发展壮大的信物。

宋朝《花经》中曰："紫藤缘木而上，有若蛟龙，花序如翠蝶成行。"我们以紫藤适应能力强、耐热、耐寒的生长特点，提炼出"生命热烈、执着顽强、追求幸福、爱意深沉"的紫藤花语，以百年紫藤为嘉铭精神象征，寓意嘉铭人像紫藤一样执着、顽强，追求生命的旺盛、热烈，绽放美丽、香溢四方。

（二）嘉铭紫藤文化气氛

一是各校区富有紫藤寓意的建筑标志：嘉铭——采经园，安中——撷纬园，欧陆——正成园、安小——朗园，秀园——沁园、实验中心——紫玉厅。

二是嘉铭分校有鲜明的"紫藤印记"，嘉铭学子是紫藤花树下的孩子们，学校有紫藤系列文创产品、序列活动——紫藤舞蹈团、紫藤话剧社，凸显了嘉铭浓郁的紫藤特色。六个校区校园文化布置有统一的格调：走廊全部为隐约的山影、屋顶盘曲虬旋的紫藤树枝和紫藤花穗，配以学生国画作品。

三是以紫藤花为文化背景，学校创作了自己的校园歌曲《紫藤花开》MV，并有自己的诗作《紫藤赋》，现已谱曲传唱。

四是以紫藤花树为载体，嘉铭分校形成了对学校的美丽描述。百年紫藤，已成为"嘉铭"的象征。

（三）嘉铭紫藤文化的认知

嘉铭分校的学年表彰是学校的年度盛典，教师们最看重这一天能否在紫藤花树下合影，也最期待能获得"紫藤荣誉勋章"，这将是教师们这一年的最大收获。类似的有关"紫藤树"的活动，成为嘉铭分校发展的时间轴。文化是在传递理念和认知，让全体师生有学校归属感，有文化认同感，有自我荣誉感。我们是在传达一种品质理念，一种品牌观念，一种情感寄托。当我们划定一个"传达美好、崇尚美好"的文化圈以后，就会让每个教师都努力不成为局外人；在平淡中寻求高尚，在平庸中寻求高贵，以此实现学校管理目标。

以紫藤为校园绘画的创意，是在传递一种审美趋向，就像民族文化的图腾，成为我们精神的家园和情感的归属。我们追求的校园文化是为了实现办学的终极目标，是以无形的影响形成有形的力量，厚积学校可持续发展的实力。

嘉铭的文化是全体嘉铭人对优质办学目标的追求，敬畏、尊崇的道德规范，上进、尚美的办学行为，奉献、勤勉的治学态度，求新、思变的实践探索。它以嘉铭人恪守的价值观、理念和行为规范，表现出与时代发展、时代需求相匹配的最佳模式，让嘉铭分校这所普通的社区学校成为老百姓认可的优质学校，培养具有良好品行和扎实知识的学子，积淀未来发展的雄厚基础。

---- **本篇作者简介** ----

李升华，北京市朝阳区陈经纶中学嘉铭分校校长。

以宏志启宏图：探索研究型学校建设的"广中实践"

北京市广渠门中学是一所完全中学。多年来，学校拥抱变革机遇，与首都教育发展同频共振，从一所普通中学跃升为如今拥有 8 所学校的教育集团龙头校，成就了连续 20 余年高质量发展的办学辉煌，形成了独特的"宏志"场域文化，并建设成为学术性研究型的学府型学校，拥有良好的声誉。

在北京市教育发展的整体部署下，我们始终紧紧聚焦每个阶段的改革重点，坚持问题导向和目标导向，从研究视角出发，立足实践，探索落实立德树人根本任务的切入点、生长点和突破点。

一、初始阶段：（1995—2004 年）以宏志班为载体，宏志育人，形成办学特色

在北京市聚焦教育公平，系统推进素质教育的大背景下，广渠门中学也开始有意识地探索素质教育办学特色。1995 年，在全国率先创办"宏志班"，为家庭经济困难、品学兼优的学生提供免费的高中教育。宏志班的成立对校风学风起到了极大的正面引领作用，宏志育人也成为广渠门中学的办学特色。

在这些影响力的基础上，广渠门中学通过成立实施全国教科规划课题"市场经济条件下中学生人格教育研究"，明确了高中生全人格教育的机理与路径，加大对宏志教育的研究。期间，学校召开了首届宏志教育高峰论坛，成立了宏志教育研究会，建立了宏志教育研究共同体。

二、发展阶段（2005—2016 年）：探索集团化办学，与时俱进，锐意改革

进入 21 世纪，北京市推出《21 世纪基础教育课程改革实施方案》，明确提出"以学生发展为本"的教育观，广渠门中学开始推进办学育人理念的提炼与升级。该阶段将办学理念凝练为"让每一个生命都精彩"，开始全面构建学校课程体系，形成"奠基、广博、卓越"三级课程框架，指向以人为中心，指向能力的

培养。同时，学校开始探索组织机制重构，撤销原有的总务处、德育处、教务处，形成"三部九中心"新型组织框架。在长链条人才培养方面，探索初高中衔接和一贯制培养机制。在师资队伍建设方面，开始大力引进研究生及以上学历的教师，成立研究生工作室；同时，注重老中青教师的梯队建设。

在科研治校的基础上，2014年，吸纳花市小学为广中附属小学，成为涵盖小学、初中、高中三个基础教育阶段的学校。2015年成立广渠门中学教育集团，解决了基础教育领域优质教育均衡发展的现实问题，促进和推动了教育公平。以集团化办学为背景的课程建设成果获北京市基础教育教学成果奖二等奖。广渠门中学的科研意识、路径和优秀成果辐射到集团成员校，并进一步提升了学校教育教学水平。

三、深化阶段（2017年至今）：建设学术性研究型的学府型学校，实现转型，面向未来

广渠门中学在传承"发展学生核心素养"基础上，基于新时期的新要求，以及破解学校发展到从高原向高峰攀爬时期遇到的"齐而不尖""研究意识不足"等问题，明确了建设"学术性研究型的学府型学校"的办学方向，依托科研进行学校建设，通过构建教师专业发展的支持系统和学生生命成长的服务系统，提高教师的教研水平和学生的研究意识。

这一阶段，广渠门中学紧扣北京市教育改革发展要求，组织机制上，由"三部九中心"升级为"五部十四中心"；课程实施上，优化升级"三三六"课程体系；打造素养成长型课堂文化等；构建了学校发展的新生态，打通了长链条人才培养路径。学校成立了由硕士教师组成的"青联"和由博士教师组成的"领军联盟"两个团队，成立了以市级学科带头人和市级骨干教师为核心的名师工作室、名班主任工作室，更有英语、化学等多学科成为区域名学科基地。高质量的研究型教师队伍，为这一时期的课程改革奠定了坚实基础。

这一阶段，广渠门中学承担了北京市规划办课题、市区级课题多项。5年来，全校特级教师、市区级骨干教师占一线教师人数的40%以上，大批教师在各级各类教学比赛中获奖，荣获国家级、市区级"人民教师""优秀共产党员""先进教育工作者""师德标兵"等称号。研究型学校建设的"广中实践"特色逐渐形成，实现了教育教学质量的不断提升。

改革不止步，奋进正当时。如今的广渠门中学教育教学成绩连续20年实现跨越式增长，强大的教育培养力以及强劲的发展态势使学校赢得了广泛的社会赞

誉。面对新形势、新要求、学校发展的新定位，我们也在进一步思考如何以更高质量的教育回应百姓需求，从而促进学校进一步发展。结合学校发展实际，广渠门中学确立了"创建学府型学校，促进生命优质成长"的目标。坚持对标一流，聚焦教育现代化，锚定教育高质量，用足用好自身优势，集聚高端人才，通过创建养志课程，深化宏志教育，构建让每个生命绽放光彩的高增值性育人模式，探索一条学校面向多数民众，从优质均衡走向优质高端的高质量发展之路。

本篇作者简介

李志伟，北京市广渠门中学校长。

打开学习空间　赋能学生成长
——"双减"背景下的家校协同育人新生态

"双减"政策落地以来，引发全社会的高度关注。减轻学生过重课业负担关乎每一个家庭和孩子的发展，关乎民族复兴和国家的未来。"双减"背后的治理逻辑是强化学校教育的主阵地作用，建设高质量教育体系，最终指向人的高质量发展。

与"双减"政策一样，《中华人民共和国家庭教育促进法》的出台同样成为社会关注的热点。这是我国第一次以法律的形式明确了未成年人的父母或其他监护人负责实施家庭教育；国家和社会为家庭教育提供指导、支持和服务。

相关政策与法规的相继出台，再次证明了家校协同共育工作的重要性。而当前家校共育的困境在于，家长对教育的单一价值追求导致越来越多的功利性目标被加于学校和学生身上，基础教育承担了太多"基础"之外的东西，逐渐被异化为一种获取利益的工具，偏离了其"基础性"价值。作为学校，如何不被动迎合家庭和社会的需求，而进行主动的教育价值引领？在"百年未有之大变局"到来之际，教育可以提供哪些确定性？基于此，史家教育集团提出了"打开学习空间，赋能学生成长"，即打破传统育人观念、知识限于教科书的认知局限，学习限于学校围墙之内的空间局限，引领家庭进行多元价值评价，赋予学生成长的无限可能。

为此，史家教育集团一直在推广服务学习项目，即成立了各类服务学习项目小组，全程倡导"服务"与"学习"紧密结合，鼓励孩子走进真实的社会生活，着眼身边小事，也可以放眼国家和全球大事，用慧眼发现社会中的问题并进行调查研究，运用所学知识去分析问题，通过集体协商提出解决方案，并按照既定计划与方案实施。在服务学习中，儿童、家长、学校都在悄然发生着变化。

一、儿童主动参与生活，成为生活问题的解决者

《中华人民共和国家庭教育促进法》明确强调"尊重未成年人"，既尊重身心发展规律和个体差异，也要尊重人格尊严、保障合法权益。但长期以来，家庭教

育工作中很少听到未成年人的声音，似乎他们只是被动的受教育者。但是在史家教育集团的服务学习项目中，孩子们却用实践证明，儿童的参与权得到尊重后，他们不仅有能力参与家庭教育，还能成为生活问题的解决者。孩子们观察到家庭教育中的诸多现象，例如孩子有网瘾是很多家长的烦恼，殊不知手机也占用了爸爸妈妈太多的精力，严重影响亲子关系。"双减"政策出台了，学生多出来的时间用来做什么？怎样做到亲子有效陪伴？孩子们发起了"放下手机让我们在一起"的服务学习公益行动，对父母们使用手机的状况进行调查，测算家长真正放下手机陪伴孩子的时间，制订了家庭"放下手机"计划。以 28 天坚持培养一个好习惯为目标，建议每个家庭都制订一个行动计划表，连续 28 天，爸爸妈妈每天晚上至少一个小时，放下手机、远离微信、不要追剧、远离游戏，和孩子一起读书、交流，一起做运动等，增加亲子陪伴时间，最后看看哪个家庭坚持的时间长。这个服务学习项目和我们之前的"妈妈读书会""爸爸运动队"也很好地结合起来，成为家校共育的纽带。有家长感言："我总是觉得孩子已经长大了，可以自己去玩了。好不容易有点时间，自己玩玩手机怎么了，没想到自己对手机的依赖这么严重，占用了这么多时间。而孩子们无论多大，都渴望和父母进行交流和玩耍，这次活动教育了我，让我意识到以身作则不是嘴上说说，真正的陪伴是用心交流而不是在孩子身边玩手机。"

此时，学生不再是等待被教育、被引导，而是家庭教育问题的发现者、参与者、行动者、带动者。学生参与家庭教育的权利得到了充分的尊重。而他们的素养提升也将在父母的高质量陪伴下成为可能。

二、家长深度参与教育，成为多元价值的推广者

"教育，无论学校教育还是家庭教育，都不能过于注重分数。分数是一时之得，要从一生的成长目标来看。"因此，我们要从只关注分数的一元结构向关注价值养成、意志品质、规则意识、责任担当、爱的能力等多元结构的转变。例如：我们的"以爱传家，好好做饭"项目，倡导父母回家陪伴孩子做饭，在劳动中锻炼分享爱的时光；"传承家书故事，让爱代代延续"项目，鼓励学生们写一封家书，弘扬家庭新风尚，传承好家风，继承好家训；"爱老，防摔大作战"项目，帮助老年人们了解和认识如何有效预防摔跤，摔倒后如何进行自救，使学生关爱家里及周围的爷爷奶奶们。

迄今为止，史家教育集团的服务学习共有五大类，近百个和家庭教育有关的项目都离不开家长深度的参与。家长在与孩子及教师的共同研究场域中，增加了

家校、亲子更多的沟通话题，不再受困于学习成绩、课业完成这些话题，主动成为多元价值的推广者。

三、学习空间跨越学校围墙，让学习随时随地发生

在"亲子坏情绪，Go Away!"服务学习项目中，学生们通过问卷调研、提炼亲子矛盾情况、绘制亲子漫画、排练情景剧等方式，从小学生的视角看待亲子关系，让更多的家庭意识到亲子关系对儿童成长教育的重要性。呼吁发出后，学生们组建服务学习行动队，累计完成400多份家长版和学生版调查问卷，整理出了10类常见的亲子冲突，自编自导10个亲子情景剧，绘制了100多幅漫画。服务学习行动队走出学校，在学区各校、周围社区、商场广场举办公益宣讲，进行情景剧演出。服务学习项目得到了社会各界的广泛认可，越来越多的家长在参与中反思觉察自己的教育方式，发生了微妙的改变，缓解了教育焦虑带来的问题。发现、调研、提炼、宣讲，这样的推广模式，几乎是我们所有服务学习项目的固定动作，在这个过程中，学生们走出校园，学习空间发生了多种变化，他们要学习如何应对突发状况、回应周围的声音，对项目进行反思改进，等等，学习随时随地都在发生。

回顾服务学习项目在家校共育的推动作用，我们再次发现服务学习项目将社会从供给侧资源端推向育人主体位置，使教育与社会之间的关系由单向供给转为双向促进。改变了学校的教育生态，打破了学校围墙藩篱，带来学校与家庭、社会更广泛的深度链接。学生在服务学习项目中对文化传承、生态环保、亲子关系、心理健康等社会痛点问题进行研究与回应，积极带动了社会问题的解决，唤醒了全社会的文明自觉。

另外，史家教育集团还在致力于推动家庭教育结构的调整与充实来拓展学习空间。例如，我们基于三级家委会制度及家校共育项目流程，努力推动家长们通过"妈妈读书会""爸爸运动队""星期六课程"等活动，落实"五项管理"，从修德、承责、拓展三个层次，让学生在完善的家庭教育结构中得到适切的成长。"妈妈读书会"强调亲子陪伴中的"母传德"，旨在培养孩子的立身德、为人德和为民德，进而将社会主义核心价值观教育落到实处。"爸爸运动队"强调亲子陪伴中的"父传责"，旨在培养孩子不畏艰难、持之以恒的意志品质，增进孩子体格、性格、品格的层递发展。"星期六课程"鼓励家长成为讲师，讲述多种多样的社会文化、职业百态，激发孩子多元兴趣，开阔孩子成长视野。

"双减"是对家校共育的一种"增"，增在学生的"五育"并举、全面发展，

增在家长多元的价值评价，增在更多丰富的承载教育责任的教育内容中。后续，我们将继续探索学生学习空间的再造，使之能和学科教育进行有效链接，在充分尊重孩子成长规律的基础上，探索家校社协调育人有效机制，让学生在学校里身心愉悦地享受着各种资源，激发他们各种潜能；在社区里拥有丰富的课外生活，增加人生体验，提升视野；回家后，父母能够与孩子融洽共处，走进、读懂孩子内心。通过多样的亲子活动，对孩子进行潜移默化的家庭教育。让学生在学校、家庭、社会协同育人共谋中实现真正成长，以实现为党育人、为国育才的目标。

本篇作者简介

李娟，北京史家教育集团德育中心校长。

教师管理：激活与唤醒

学校管理是学校运行的"中枢"系统，搞好学校管理是学校生存和发展的根本。那么，什么是管理的真谛呢？

管理学大师德鲁克认为，管理的本质就是激发每个人的善意与潜能。担任分校校长以来，我从学校管理实践中悟出，管理的真谛在于激活与唤醒，管理的目的是达到"无须扬鞭自奋蹄"。

教师是学校的主体，教师的工作积极性直接关系到学校教育教学管理的效率，决定着学校的办学水平。如何打造优秀的教师团队、激发教师活力？多年来，我始终坚持引导教师将个人价值追求同学校发展目标相结合，内化教师理想追求。让全体教师、学生充分体会到幸福教育就是通过教育的途径，实现人对幸福的追求并在追求中获得幸福。在追求幸福成长过程中，教师体会到教育的幸福，学生享受幸福的教育，学校成为开启幸福之门的钥匙。在共同愿景引领下，幸福成长理念根植于心。学校要用激活与唤醒，成就幸福。

一、尝试管理标准化，助推教师自我实现

学校以制度文化为依托，全体干部、教师实施"标准化管理"。

第一阶段，教学主管以上干部根据自己的岗位职责，自己制订相应的工作标准。标准要求可操作性强，既有质的标准，又有量的规定。例如，结合自身实际制订了包括"每周进班级听课5—10节"在内的五条非常具体的关于"工作质量"的岗位职责标准。这五条标准看得见，摸得着。看似"无形"的责任被量化，使主管干部能时时对标找不足，不断进步。

第二阶段，在原有五条标准的基础上，增加了"工作态度"等五条标准，形成"质量"与"态度"的双向要求。每月主管干部都在自评基础上，接受全体教师的监督与评价。评价结果是干部考核的主要内容：对群众满意度在85%以上的干部给予肯定，对工作不足的干部提出整改意见。通过标准化管理，引领干部、教师朝"自我实现"的目标迈进，促进干部、教师进行自我评价、自我反

思、自我成长。

第三阶段，在教师层面开展标准化评价。让每一层面的教师都自主制订标准。从课堂教学到班级管理，学校对教师的要求全部以标准的形式出现，奖励制度也变为奖励标准。学校每学年组织一次标准学习，新教师进入学校，只要学一下标准，就知道该做什么、怎样做，教师在校的行为由教师自己负责。学校并不以此考核教师，学校对教师的管理方式由检查变成了"引导"与"提醒"。标准化评价的探索与实践，在不断完善中赋予"标准化管理"强大的生命力。老师们自发地努力，不断靠近标准，实现工作目标和价值。

二、启动阳光工程，引领教师专业成长

学校结合自身发展需要和教师发展需求，详细制订了教师队伍建设和骨干教师培养发展规划，有计划有步骤地进行学校教师梯队建设。2021年，学校充分调研分析，本着"分层设标、分类培训、限期达标、整体推进"的原则，启动"阳光工程"教师发展规划和"星级教师"评选制度，研究制订"四阳"教师的具体类别（朝阳教师：合格＋特点。暖阳教师：规范＋特长。艳阳教师：示范＋特技。骄阳教师：引领＋特色）。教师在申报过程中，结合自身的优势与不足，明确个人的发展定位，从而更好地确立个人发展规划。在"阳光工程"实施过程中，学校结合不同层面教师梯队目标，实施有效的过程管理与评价，最大限度地调动教师的积极性，学校各部门紧密配合，加强分析指导，科学评估需求，进行规范化管理。

学校依托"阳光工程"的整体推进，通过导师带教、分层培训、典型推介、经验分享、教学论坛、交流轮岗等多种手段，注重科研引领，带动教师队伍整体发展成长，促进"阳光工程"在教育教学工作中落地。其中有效开展师徒结对活动，以"补短板、强弱项、破难题"为培养策略。补短板：针对影响教师发展的短板（专业能力、科研水平等）有目的地进行发展指导、引领，确保短板不短，为后续成长保驾护航。强弱项：针对影响团队成长的弱项有目的地进行分析、研判，把握症结、寻找策略，为团队协作奠定良好的基础。破难题：针对校区教师发展的瓶颈问题有目的地进行引领，带动各校区规范管理、挖掘经验、树立典型、积聚能量，带动骨干教师和青年教师相互促进提升，打造一支政治素质硬、师德水平高、专业能力强、适应学校高质量发展的教师队伍。

学校每学年从思想道德、专业能力、工作业绩三方面评定出"星级教师"。"星级教师"共分五个星级，教师根据标准自主申报，学校进行综合评估认定，

实现队伍建设的"全参与、全方位、全覆盖",不断提高教师队伍的能力水平,助力教师向更高层次发展,实现学校人才队伍的整体进步。星级教师评选认定,学校采取多种形式途径,引导广大教师发挥优势、树立典型、找准定位,走专业化成长之路。学校帮助教师丰富和提升教育教学理论,提高教育教学技能,以适应新的历史时期、新的课程、新的教学理念,更好地为教育教学服务。

三、推行执行校长制,激发师生发展潜能

2021 年 9 月,学校初步尝试"今日做校长——教师执行校长制"计划。执行校长就是一线教师,主要职责是参与学校管理,代表教师参加行政会(行政会主要职责为学校文化梳理、制度修改完善等);结合工作重点,开展富有学科特点又展现个性特点的教育或教学活动(如教师节、新春活动等)。执行校长任期为一学期,期满后在全校教师会上述职,在得与失的总结交流中再一次提升自我。这种管理模式的创新,有效激发了教师的工作热情与创造力,有效地帮助教师将个人价值追求与学校的发展目标有机结合,有效地提高了教师组织能力和创新能力,既达到培养人的目的,又实现了真正意义上的民主管理。担任过执行校长的教师已经有了感悟:"学会了换位思考,体会到管理工作的不易,但当帮助老师解决问题那一刻,觉得自己服务着也快乐着!"管理的创新,激活了教师潜能,让教师感受在团队中的存在价值,感受着团队的和谐之美。

2022 年 10 月,学校为提高少先队队员的民主意识和参与意识,培养少先队员从小关注身边的事情,关心学校发展的社会责任感,培养和锻炼少先队员的自理自立能力,开展了第一届"学生执行校长"竞选活动。竞选活动秉承公平、公正、公开的原则,学生们通过"自主申报—班级推荐—现场竞选"的程序,最终产生了第一届学生执行校长。活动的开展,激励了学生们敢于承担责任的意识,提高了管理和策划能力,增强了创新意识,综合素质得到有效的提升。学生执行校长参与到学校工作中,对学校的日常管理和制度提出合理化建议,为校园学习生活增添了新的气息。

四、建立学科领航护航机制,实现教师赋能管理

教学质量是学校的生命线,教研是保证教学质量的关键。以教研质量促课堂质量,构建清晰的学科管理梯队至关重要。学校结合多址办学的特点,形成学科教学管理梯队,考虑三校区协同发展,选取学科专业水平高的教师为学科领航人。

学校为学科领航人赋权，在教师的招聘、解聘、排课等人事安排方面，领航人拥有较大的权限，成熟的领航人甚至要有决定性权限；在领航人专业发展上，如外出学习、专家邀请等方面，学校要给予支持；在涉及教学的绩效考核方面，领航人拥有主要的发言权。在这个前提下，领航人必须做到：组织审核课程计划，并确保课程计划有效落实；有效组织教研，为课程计划的落实提供必要的理论支持；通过作业检查、测评分析等手段，确保课程计划落实的质量；通过新教师入职培训、研讨会、邀请专家介入等方式，推进组内教师的专业发展。这样，给领航人的权力与责任做好界定，并落实责任，教研才有可能抓出实效。

赋权增能，为每一位学科领航人的专业发展提供可能。学科领航人在日常的教学引领中有感而发：把本职工作做好，只能靠扎实的专业水平引领人，靠优秀的教学成绩带动人，靠积极的工作态度感召人。在教学中，要大胆创新和改革，优化教学过程，这样的领航机制，促进了领航人专业发展，使他们持续不断学习。学校初步形成领航人带领本组教师聚焦研究，为构建和谐的教研文化奠定了基础。在学科领航人的带领下，学科教师形成了"和美""和研""和乐"的教师发展共同体，助推学校可持续发展。

五、营造和谐文化氛围，提升教师职业幸福感

一个具有和谐的文化氛围、拥有集体主义精神的团队，具有强大的生命力、战斗力、凝聚力，团队成员之间相互高度信任。学校积极打造三个团队：

"和美"团队——跨年级跨学科的教师团队，每个团队根据实际情况，确定团队名称与标识，明确团队精神与口号及发展目标。聚力精神文化引领，提升教师职业幸福感。

"和研"团队——由学科主管干部、校内专家、学科领航人、教研组长和不同层面教师构成学科研究团队，聚力学科教学研究，明确研究方向，清晰研究路径，习得研究方法，促进教师专业成长。

"和乐"团队——由教育主管干部、大队辅导员、班主任工作室、年级组长、班主任、副班主任构成，聚焦学生素质教育，引领学生幸福成长。每学年末评选优秀和谐团队并给予表彰与奖励，树立团队榜样。

牢固树立"学校为教师创造环境，教师为学校创造价值"的理念，党政工团开展多种活动，为教师们排忧解难，丰富教师的文化生活，建立良好的干部教师沟通渠道。让教师们和谐相处，工作中互相关心，配合协作，从而增强教师的职业幸福感。

在干部中倡导"干部是为教师发展服务"的价值定位，重视干部学习和培训。做到理论学习与管理实践相结合，专题研究与日常规范相结合。每次例会前的学习分享，会后的总结问题、共谋对策，引领干部在学习、实践、总结、交流、反思中提升管理能力与水平。要求干部做到"三坚持"：坚持带头参与科研课题研究；坚持每天走近学生、走近教师、走进课堂；坚持每天微笑迎接每一位教职工和学生。在管理中做到以理服人、以情感人。通过评价机制，激发干部不断学习、进步的内驱力。促进干部自觉对标、自我管理、自觉反思的良性循环。

教育的本质就是激活，教育的目的就是唤醒。作为校长，我想：教育的激活源于热爱，教育的唤醒需要尊重和鼓励、期待和关注、启发和引导，教育因此被赋予神奇的力量。期待激活与唤醒让教师彰显魅力，让学生释放活力，让生命在阳光下幸福成长。

本篇作者简介

李新宇，北京市朝阳区呼家楼中心小学团结湖分校校长。

以未来为方向，开掘学校发展之路

北京教育科学研究院通州区第一实验小学作为北京教育科学研究院在全市建立的第一所实验小学，创建于 2003 年 10 月 22 日。在各级领导和教育科学院专家的引领支持下，学校始终以立德树人为核心，秉承将研究建构在课堂中、活动中的理念，科学分析，守正创新，提出"开实验之风，育多元之才"的办学理念。在基础教育改革与北京城市副中心的整体建设中，努力探索教育规律，着力改革学校形态。以哲学思维，审慎思考纵横交织学校发展之路，在高远的教育理想与国际视野中，共同经历，彼此滋养，在历久弥新中守望学校教育的无限美好。

一、开掘学校教育发展源泉之路：从合作教育到发现教育

在办学实践中，我们将学校作为教育最重要的场所。在时代发展的大趋势下，立足合作教育与发现教育，在教育发展中追寻其最为重要的价值。学校整合形成"萌芽期—探索期—深化期"的学校特色发展阶段，并以未来为方向，在实现教育功能的多层面转化中，开掘学校发展源泉之路。

（一）萌芽期——以合作教育为始端的教育发生

在开掘学校发展源泉之路的初始阶段，我校从教育本质出发，开展合作教育，对课程、教材、教学方法和合作学习方法进行实践探究。我校制订了研究课题，在分工合作与交流分享中生成课堂合作学习模型。以此培养学生的思维能力，提高学生的学习质量，最终将外显的知识转化为内在的知识，从而实现我校教育功能第一层面的转化。

（二）探索期——以发现教育为引领的教育实验

自 2007 年开始，我校通过科学分析，解读合作教育实验阶段的成果与不足，内化合作教育研究成果。在各级领导与教科院专家的指导与支持下，我校借鉴布鲁纳的认知发现学习理论，启动发现教育实验。实验以"思维训练"为核心，在

"创新方向、研究动力与课程载体"的三维驱动中，综合构筑基础型、拓展型、发展型的三级发现教育课程体系。学生在获得知识的基础上，将内在的知识转化为外显的行为。这实现了我校教育功能第二层面的转化。

（三）深化期——以项目研究为特征的教育发展

随着教育供给侧结构改革与发现教育实验的不断深入，我校进入发展的深化期。我们利用矩阵分析模型分析学校发展的战略规划与行动策略，确立以项目研究为特征的学校教育发展路径，建构"1－2－1"多元化纵深性项目研究体系。我校以加法的思维引入多元主题项目，以减法的思维发挥每一个项目的优势与价值，将潜在的可能性转化为发展的现实性，实现我校教育功能的第三层面转化。

二、生成学校教育研究特色之路：从思维课堂到项目研究

纵观教育发展的历史，有很多学校值得我们研究与学习。小林宗作的巴学园、陶行知先生的育才学校、苏霍姆林斯基的帕夫雷什中学……每一所学校以其鲜明的办学特色，讲述着时代之中教育的深邃与美好。今天，我们站在基础教育改革的崭新航道上，以向下扎根的方式实践发现教育。我们从学生立场出发，立足学生实际获得，以结构性、独特性、转化性为生成点，深度呈现学校教育研究的特色路径。

（一）结构性——智慧性价值生成下的发现教育课程体系

美国著名教育家杜威主张：最好的一种教育，就是让学生牢牢记住学校教材和实际经验二者相互联系的必要性，使学生养成一种态度，即习惯于寻找这两方面的关联性。

我校在北京教育科学院专家的引领指导下，借助布鲁纳"发现学习理论"，面对学科知识结构与儿童认知结构之间存在的差异，在三级课程中，以思维策略为依托，综合分析学科点与衔接点，形成学科内整合、学科间整合与课内外整合3条不同的整合路径。同时，我校内化"新课标"要求，外引优质教育资源，在串"点"成"线"、由"线"及"面"、组"面"为"体"的立体模式中，自主研发7类60门以思维能力培养为核心的校本课程。我校通过主题项目研究，形成能力目标体系，转化知识结构素养，从而让课程体系更加立体"丰满"，更加适合学生个性化发展与全面发展的需求，发展了学生的思维能力。

（二）独特性——认识性价值生成下的思维课堂实践模型

思维课堂以其具有生长气息的独特性，在完成知识传递的同时，实践着发现

教育理念的实验创新成果,并在个体生成向全体生成的转化中,实现着师生的共生长。我校建构起课程内容明晰化、课堂行为具象化、学习过程自主化的思维课堂模型。一方面,我校以教研组为单位,实践总结出"五步发现教学模式";另一方面,我校总结课堂经验,深化教育工具的研发,开发了教师资源包、学生资源包。另外,我校抓住学生个体生成的资源,并将个体生成的资源变成全体学生可以共享的资源,实现学习过程的自主化,实现因材施教,教师的教法与学生的学法匹配统一。思维课堂实践模型的建构为教师认识性价值的生成,为发现教育理念的厚植提供了重要的渠道,为学生认知结构的建立与思维能力的提升提供了重要的支撑。

(三)转化性——品质性价值生成下的项目研究"1—2—1"体系

陶行知先生说过要养成儿童之自我教育精神,除了跟教师学外,还要跟伙伴、跟民众学,向图书馆、向社会与自然界去学。陶行知先生的教育思想,启发我校在转化性的思考中生成"1—2—1"项目研究体系,并在基础教育改革过程之中,确立"以学术的方式守候生命成长"这一最严肃的命题。

一种理念,即发现教育理念。这是"1—2—1"体系的源头活水。我们延展发现教育内涵,在认知风格项目基础上,分析学生个性特征,制订学生成长计划;同时重视学生的学习过程与学习动机,为学生创设能够独立探究的情境,并在教育情境中重视学生的思维训练;鼓励学生围绕项目研究主题进行学习与实践,实现认知结构与思维品质的提升。

两种要素,即主题多元与主体获得。这是"1—2—1"体系的双要素。我校成立了"友善用脑"项目研究、"A—S—K"项目研究等 20 个主题项目研究。制订包含计划、实施、考核与追踪的阶梯性综合评价体系。

一种载体,即在思维课堂实践模型的基础上,探索具有个性的思维培养范式。我校以实验者的姿态将研究建构在课堂之中,实现项目研究与思维课堂的相互影响与同步发展。

三、夯实学校高质量发展"双减"之路:探索"减负提质"有效落地新路径

2021 年 7 月,《关于进一步减轻义务教育阶段学生作业负担和校外培训负担的意见》发布。我校立足实际,以"五育"并举为导向,通过课堂改革、作业优化、精彩延时等途径,努力探索一条有举措、有特色、有温度的"双减"之路,努力在学校高质量发展中实现"培育多元之才"的办学理念。

（一）聚焦"双减"内核工作，提升课堂教学质量

深化教学常规管理，保障质量全面提升——严格落实课堂教学的规范化要求。严把"备课＋上课、作业＋批改、分层＋辅导"三关，探究"一优一完善的双机制"（优化作业布置管理机制、完善学生作业反馈机制）、"一课一加强的双保障"（适量增加作业反馈课，保障学生的作业质量；加强对学生学情分析，保障课堂教学质量）、"一融一多维的双评价"（融合多方评价，通过多维度数据支撑精准化评价）的课堂教学管理模式，提质增效。2021 年 12 月，聚焦"双减"内核点，构建副中心教育新生态之"探析作业设计路径，发挥作业设计功能"通州区提升小学学校教育教学质量系列研讨活动，在我校举行。

我校深化校本教研模式，推进思维课堂实践，加强理论政策教研，结合当前"双减"工作和学校整体计划，以教研组为单位确立研究专题，开展相关政策以及理论研究，并落实教研成果。例如，突显对学生思维的培养：立足学情、关注思维过程，巧妙进行活动设计、体现思维驱动的课堂目标，增强课堂教学实效；持续开展每周 各学科"微教研"展示交流活动。通过系列教研活动落实学校整体研究成果，并促进不同水平教师梯次提升课堂教学水平。关注反思总结教研，要求 35 岁以下教师听课后有反思，举行青年教师反思交流展示会，使青年教师在个体反思与集体反思、横向反思与纵向比较相结合的综合性反思过程中，进一步提高教育教学水平。

2022 年 3 月，在"教育科研助推'双减'政策落地——通州区'双减'立项课题发布暨开题论证会"上，我校被评为第四届通州区优秀教育教学成果评选优秀组织奖，其中三项成果获得第四届通州区优秀教育教学成果奖一等奖，两项成果获得第四届通州区优秀教育教学成果奖二等奖。我校另有六项课题成为区级规划课题，一项课题成为区级"双减"专项课题。

深化学校"项目＋"教研策略，提升思维课堂质量——深化学校"项目＋"教师教研策略，引导教师在 ASK、副中心 ETC 课程资源包开发、大数据支持精准化教学等项目推进过程中持续打造思维课堂。发挥教师自我塑造的能力，形成合作建构的研究模式。通过观摩教学、展示教学的现场交流学习，促进教师从他人的教学行为和学生学习过程得到启发，反思自身的教学行为从而持续深入形成教师学习研究共同体。以项目引领思维课堂深度研究，实现从浅层次思维、共性思维逐渐向深度思维、个性化思维发展的目标。

2022 年 4 月，中国教师研修网、中国教研网与通州区教育部门打造的"互联共研·提质强校——基于核心素养的课堂教学能力提升"项目启动会在我校举

行。在该项目研究的推动下，聚焦核心素养与关键能力；在"双减"背景下，以反思性教育实践家的精神做好课程研发与课堂实施，保障校本教研的品质，提升教师团队力量，为学校教育的高质量发展扎实奠基。

（二）锚定"双减"工作关键点，扎实推进课后服务

以发现教育为内核，构建"三体一为"保障机制——为了更好地保障课后服务"三点半"教育品质与特色，学校遵循发现教育内核，延展发现管理机制，在顶层设计中形成"三体一为"的团队保障机制：以校长—副校长—德育主任—年级主任为主要构成的管理体与监督体，以特级骨干教师与项目教师团队为导行者与陪伴者的服务体，为全面保障课后服务"三点半"的高效实施护航。

2022年4月18日—4月22日，通州区首届"尚美杯"课外活动教学评优比赛进行了现场决赛。我集团校六名教师最终经过层层选拔闯入了现场决赛环节，参加了艺术、体育、科技三个类别的课外活动教学，最终获得了四个一等奖和两个二等奖的好成绩。

（三）坚持"五育"并举，生成"三维一网"项目体系网

在课后服务项目系统中，我校依据学生特质，在德智体美劳的大体系中，在学科群与综合素养的相互映照中，从支点力量、特色资源、时间线索三个维度，实现学生学习与品德的进阶式提升，生成一张具有未来属性的课后服务项目体系网。

特色一：依靠支点力量。发挥北京教育科学研究院的教育引领力量，综合各工作室的教育研究力量，激发教师团队整体实践力量，形成高质量课后服务的专家教师团队。

特色二：依托特色资源。依托北京市金帆艺术团、金鹏科技团，融合学校体育社团、管乐团、合唱团、舞蹈团、教育戏剧团等体艺特色，垃圾分类劳动教育特色，综合语言学科群、数理学科群、体艺学科群特质，在优质资源群的整合中形成84种菜单式校本特色课后服务体验项目。

特色三：三段式一贯通。第一时段是"学习时段"，即作业反馈课；第二时段是"自主时段"，即项目体验，学校提供84种菜单式校本特色体验项目；第三时段是"温暖时段"，即晚托服务，组织被家长晚托学生参与各类休闲活动，可以阅读交流，可以动手制作，也可以参加游戏，学校管理人员负责监督管理。

2022年，通州区教委开展了"韵之灵""蕴之星""运之魂"学生社团评审和认定工作。经评审小组对各申报学生社团的审核评定，我校的舞蹈团、合唱团、书法社三个社团再次被认定为"韵之灵"艺术社团，模型社团再次被认定为"蕴之星"科技社团，田径队被认定为"运之魂"学生体育队。

（四）以多元成长为目标，形成"三层六力"项目评价系统

评价本身不是目的，而是达到目标的手段。针对课后特色服务系统，在研判成长的过程中，我校转变评价观念，以主题活动、主题月、艺术节为载体，以过程性评价、形成性评价、主体个性化评价等为主要评价工具的多元化评价方式，聚焦学校发展力与影响力、教师教育力与研究力、学生学习力与品质力，形成"三层六力"成长评价系统。从而为课后服务项目研究网的全面高效覆盖提供质性分析与指导。

2021 年 11 月，北京市"双减"督导组走进我校调研课后服务工作，对我校给予一致好评。

四、创新学校教育机制理性之路：从管理机制到治理机制

我校基于学校未来发展的属性，在"行是知之始"的文化启发下，以理性表达管理，以情感读懂教师，在具备生态学特质的学校教育管理机制中，实现学校的规范化发展与品牌化提升；在因时制宜与因势利导的工作特色中，实现教师培养的行动机制，在教育价值与学生主体的双重实现中，生成自觉自新的管理文化。

（一）在情理相融中清晰明确管理思想

我校综合分析教育文化体系与学校管理阶段特质，因时制宜，突破学校教育发展瓶颈，确立管理"行"的哲学思想，全面建构学校教育"发现·管理"机制。

（二）在"时间简史"中讲述自新治理机制

"发现·管理"机制在多元的解决途径与高效的管理方式中，以五步管理法为特质，为学校发展开辟出一条关键之路。

第一步，在学校成立伊始，实行制度管理，建立依法治校平台，提升学校科学管理能力。

第二步，在第一届领导集体成立三年之后，我们以精细化管理机制规范学校制度建设，深度完善校章各项内容，确立思维导图式的工作流程。

第三步，在学校第二届领导班子上任之际，结合学校发展的阶段性特征与干部队伍年轻化的特点，聚焦管理干部价值观念与专业能力，实行扁平化管理

机制。

第四步，在进入第三个五年发展阶段，在自主化管理机制的推进中，形成教师师德养成策略。引领教师自主制订研究目标，自主制订职业规划，形成文化自觉。

第五步，近两年在深入贯彻执行《义务教育学校管理标准》过程中，我们确立"两个遵循"，全面促进学校品牌提升。

五步管理法中每一步既彼此独立，又相互关联，在学校发展的历史阶段，实现管理的情境性、人文性与持续性等特性的校本回应。

随着基础教育改革的深入发展，2021年9月10日，我校正式开启集团化办学试点校的崭新征程，杨庄校区与通州实验一小实行一个法人一体化管理。学校管理转型升级形成了"发现·治理"机制。根据集团实际，我们建立"一会两院六个中心"的集团管理组织架构，确定教育集团发展纲要，基于"一种理念，一张蓝图，一个生态"的管理模式，实现"1＋N"发现品质的集团化办学。教育集团管理走向"自主、多元、平等、尊重、协商、协作"。在"发现·治理"机制中，更加尊重学校的管理规律；更加尊重师生的主体地位；更加尊重教育的发展规律。在这种新型的学校治理模式下，师生在公平公正的原则下参与学校的发展，在自主治理的过程中有效提升办学品质。

（三）在"他者"文化中形成多维专业化行动机制

在各级领导专家的引领下，我们在"他者"文化的基础上，以情感读懂教师，尊重教师。

首先，关注教师主体价值，形成教师"双行走"策略。建构"课堂中的行走与行走中的课堂"教师培养策略，邀请专家走进学校、课堂、课题；扩大教师的"行走"半径，走向全国各地成长共同体进行交流，使教师向着"更优秀的自己"方向行走。

其次，确立问题导向原则，打造教师层级性培养工程。综合分析教师团队结构特征与个体差异，在点与点的工程链接中，形成培养优秀教师的蝴蝶效应。

五、实现学校获得扎实成长之路：从日积跬步到行至美好

时间是一本厚重的书，泛黄的书页记录着学校发展实践的点点滴滴。以发现教育为圆心，以十九年为半径，当我们在峥嵘岁月与春华秋实中丈量每一步脚印，在学校发展力—教师研究力—学生学习力构成的由外而内的力量磁场中，感悟学校从曾经日积跬步到当下的扎实获得时，内心总是泛起坚韧与感动。

（一）增强学校发展力与影响力

学校发展力以其润物细无声的张力，表达着学校磁场最优质的圈层。中国基础教育改革与发展的脚步日益加快，需要我们在学校教育实践的过程中，不断创生具有代表性的自主发展教育理论。我们以学校共同体为媒介，从本我出发，与美国、英国、法国、日本等国际教育专家，与福建、湖北、贵州、香港、澳门、台湾等地教育同人开展教育交流。在自我的特色实验中总结规律，生成经验，并在超我的学校发展阶段潜心研究，实验生成具有未来属性的多元成长理论与体系，从而实现学校的特色办学与品牌办学。

（二）提升教师研究力与教育力

行走在基础教育改革的时间纵轴，从曾经的峥嵘岁月至躬逢崭新的时代，我们深刻认识到：教师与时俱进、脚踏实地的研究力，是学校优质内涵发展最为关键的力量。伴随着发现教育的实践之路，我们以马斯洛人本主义需求理念激发教师成长的内驱力，加强自身造血功能，加强教师对职业与事业的主体认知，对教育研究的主体观念。实现从曾经的合作教育阶段的只有一个课题，到发现教育阶段的人人立项课题；从传统的教学讲授到生成具有自我风格的课堂教学模型；从多元主题项目的引入到多主题的自主研发……教师的研究力与时俱进，这种研究力所带来的辐射效应在学校发展的过程中蔓延生长。教师们逐渐成为胸怀天下、立己达人的"四有"好老师！

（三）培养学生学习力与品质力

学生学习力是学校磁场最内核的力量，他们从曾经的农村娃到今天走上国际舞台的"发现少年"，从曾经课堂中的被动倾听者成为思维课堂中的主动思考者、行动者，他们以最扎实的获得映照着学校教育发展之路的坚实。在国际青少年小提琴比赛、国际青年斯诺克比赛、国际青少年音乐节等诸多比赛中，"发现少年"收获了冠军、一等奖等成绩，用实力证明发现教育的成果。

历经十九年渐进式整体改革，此时，我特别希望借海德格尔先生的存在主义哲学著作之名"存在与时间"这个最直白的关键词来表达基础教育改革时空属性下的学校教育发展之路。当费孝通先生将研究扎根于中国大地，以一本薄薄的《乡土中国》生动诠释厚重的中国文化时，我都会受到学校教育研究层面的启发。

如今，我们实施的学校加速计划，指向教育公平，是"办好每所学校、教好每个学生"的理念外化，加速发展是社会的需求、百姓的期盼。它关注真正发生的教育，以工具和资源包为加速器，将科研引入学校，形成协同发展新常态，在百姓身边普普通通的学校中开展不普通的教育，在最短时间内让每一个平凡家庭的孩子能够获得教育享受的时候，我们倍感肩上的责任与使命。

今天，一湾运河畔，一座七色的彩虹门，一隅转动的水魔方，一个镌刻着发现教育世界地图样的教育磁场，以彩虹厅为卷首，以"通州—北京—中国—世界"为章节，以思训室、ASK 密室、车模、航模、海模教育空间为具象化内容的教育文化长卷，在儿童的生长中蔓延开来……这幅长卷是不是与泰戈尔描述的孩子们喜欢的世界很相似呢？是的，这就是我们在发现教育发展之路上，将文化与时空结合，将研究与课程、课堂统一的教育生成。这是我们基于学生立场，在领导、专家、同人、朋友的支持帮助下共同建构的最适合的并真正属于儿童成长的世界！

本篇作者简介

陈金香，北京教育科学研究院通州区第一实验小学校长，北京市首批特级校长，正高级教师。

聚焦"双减"，彰显"明远教育"特色

教育，关系民生，与每一个家庭息息相关；教育，关乎未来，与国家的命运紧密相连。如何推进公平而有质量的教育？如何办好百姓身边的好学校？北京明远教育书院实验小学在落实"双减"精神，彰显"明远教育"特色方面，进行了积极探索。

一、建设优质队伍，提升育人能力

北京明远教育书院实验小学地处望京地区，一校五址。"办好百姓身边的明远教育"是学校办学的不懈追求。

提高办学质量，关键在队伍。学校聚焦教师队伍，提升育人能力，为减负护航。

干部是学校发展的领航人。学校划定干部日常工作四条达标线：日听一节课、一人一个组、帮扶一老师、展示一节课。要求干部常规工作必须达标。在学校的课堂上，总能看到校长、校区主管、教学主管、教学主任的身影，他们走进一线，走进课堂，指导教师备好课、上好课，重督更重导，有力促进了"双减"精神的落实。

学校重视骨干教师的培养与安排，尤其在"双减"工作中充分发挥市级和区级骨干教师的示范引领作用。学校还充分借助北京明远教育书院的专家资源、学术资源，带领骨干教师团队进行"深度学习视角下的大单元整体教学设计"项目研究，参与朝阳区多项课程改革研究项目，促进教师专业能力提升。

教师是落实"减负"工作的最前线人员，是"减负"落实到位的根本保障。学校以顾明远先生的"上好每一节课，教好每一个学生""每个教师都能成为好老师"思想，引领教师落实"减负"思想，助力教师成为"四有"好老师、"四个引路人"。

二、优化教学管理，提升课堂实效

办学质量是学校发展的生命线。随着"双减"政策的发令枪响，我校干部教师迅速行动、积极探索，不仅做到"减负"，也在努力"增质"，推进课堂教学改革。

学校采用"纵横交替、'大小'教研相结合"的教研管理模式。

纵向为"大教研"，是指打破校区壁垒，打通"学科"通道，以学科为单位，组建五校区学科教研共同体。由学科骨干教师任学科大组教研组长，定期组织五校区学科教师开展专业的教学研究。

横向为"小教研"，是指校区内的学科教研活动，是在"大教研"基础上的具体化，是在课堂中落实具体的教学方法、对个别学生的具体辅导、对专业思想的具体落地。"大小"教研相结合，极大地提升了教师的教学能力。

学校要求每位教师"上好每一节课"。而上好每一节课的前提就是认真备课。学校要求教师备课要做到"三明"——教师在备课、上课、说课的时候要"明背景（教材、学生、理论）、明目标、明教学过程"；还要做到两个"吃透"——吃透教材和吃透学生。

多年来，学校提出了构建"乐课堂"文化，尊重学生主体地位，以促进学生积极参与并产生愉悦的情感体验为原则，努力实现学生参与度最大化，激励学生在课堂中有所学、有所思、有所动、有所得，成为学习的真正主人。"乐课堂"重视突出学生主体，重视思维培养、能力提升，也重视教与学方式的转变，重视讲练结合、知识点能力点考点相结合。

作业是课堂教学的延伸，也是落实"双减"政策的重要一环。对此，学校聚焦作业优化，提高学习效率为减负增效。教师精心设计作业，根据课程标准和教材要求，精心选择具有代表性、典型性、综合性的内容。教研组利用小组教研的时间对下一周的作业内容进行研讨，控制作业难度，汇聚集体智慧研究作业内容。教师还充分考虑不同学生的差异，有针对性、分层次地布置作业。同时，学校要求课上讲练结合，要求语数英教师在课堂上落实"30＋10""35＋5"的时间分配要求，每节课至少拿出 5 分钟练习时间，指导学生在课堂上完成部分作业，有效分散作业量，及时检查学生知识掌握情况。学校在作业量、作业完成时间、作业批改等方面也出台了详细的规定，鼓励教师们开发并布置跨学科的综合类、探究类作业。学校还通过校会、现场会等形式，组织教师进行相关交流，推广教师的先进经验。

三、创设特色课程，拓宽育人途径

课程是学生成长的重要载体。在"明远教育"办学特色的引领下，学校用发展的眼光看课程，用扎实的行动践课堂。学校以"课程活动化，活动课程化"为立足点，构建"明远课程"，分为"乐学"与"乐践"两条主线。

"乐学"以"道德与法制、数学与科技、语言与文学、体育与健康、艺术与审美"五大领域内容为主体。

"乐践"则是将富有生命力的五大领域向纵深发展，使学生获得可持续发展的能力。

学校以"立德树人"为宗旨，以培养"德明、志远、聪慧、健康"的明远学子为目标，通过"明远课程"的实施，使明远学子拥有高尚的品格，树立远大的理想，拥有高阶思维能力。这也是践行明远文化，呼应顾明远先生对于课堂真谛新呼唤的重要举措。

"乐践"课程是明远课程的塔尖，大到学科实践活动、社区服务与社会实践，小到典礼、仪式类课程。学校依托乐践课程，以研学旅行为主要策略，鼓励教师打通学科边界，整合实践单位，重组课程基因，打破课程边际和围墙，引领学生身思在路，走进社会。例如，组织学生走进观复博物馆，深度学习艺术发展史；走进农业博物馆，让学生变成小小农业师；走进全聚德、王致和等中华老字号，了解老字号背后的故事，激发学生对传统文化的兴趣……学校通过课程拓展思维，提供广阔视野；科学定义课程边界，助力高阶思维培育；重组课程基因，开辟包容开放的课程环境。提升学生利用多种方式获取信息并处理问题的能力。

推进学科实践活动，则是引领明远学子在课堂活动中成就幸福而精彩人生的重要途径。学校力求用10%作为"核反应堆"，触燃超过90%的课堂学习实效，从而形成大于100%的效益。学科实践活动的课堂中突出一个"乐"字。师生在共同经历"思考—实践—分享—再思考"的过程中，共探索共成长。

四、提供多元服务，助力"五育"并举

为更好地减轻家长的经济负担，化解家长的焦虑，做好课后服务工作，明远教育书院实验小学根据学生、家长的需求和学校实际情况，每周一到周五为学生提供课后托管、体育锻炼、劳动教育和其他社团活动的服务。学校向全体学生发课后服务单，列清每天提供的课后服务内容，便于学生和家长按需选择，做到服务内容100%开放、服务对象100%问询。

学校提倡学科教师开发研究性学习的作业，组织学生开展丰富多彩的学科实践活动。例如，科学学科组织学生开展了观察小鸡孵化过程的活动，组织学生每天观察、记录小鸡孵化与成长的情况，丰富学生生活，提升学科素养。

学校全面落实国家课程设置，开足开齐课程。各校区结合自身特点，利用"碎片时间"组织学生进行体育锻炼。如篮球、足球社团的学生每天早上或放学后进行训练等，鼓励教师们采用错峰活动的方式，达到体育活动一小时的目标。

同时，学校还开设了篮球、足球、网球、棒球、跆拳道、冰壶、橄榄球等球类社团，还有健美操、拉丁舞、民族舞等舞蹈社团，供学生依照自己的兴趣爱好，选择心仪的社团活动。

学校每学期都会组织各种体育活动，激发学生的运动热情，运动会、篮球赛、足球赛、拔河比赛、跳绳比赛、亲子运动会等，通过师生、家校的共同参与，助力学生运动意识的养成。足球、篮球是学校的特色课程，学校努力为学生搭建展示与历练平台，学校足球、篮球多次获全国、市、区比赛的冠亚军。多彩的社团活动，促进学生德智体美劳全面发展。

以教育家情怀浸润生命，以特色化办学铸就教育品牌，我校的办学水平得到社会各界的广泛认可。

办人民满意的教育任重道远，我校干部教师以党的二十大精神为指引，"五育"并举，立德树人，促进学校高质量发展，促进学生全面而有个性地发展。

本篇作者简介

陈春红，北京明远教育书院实验小学校长，北京市特级校长，兼任北京市朝阳区望京学区副理事长。

打造"幸福教育"，开辟优质育人新路径

教育是培养人的一种社会活动。优质教育应该促进人在德智体美劳五方面全面、和谐、可持续地发展。

景泰小学始终认为，优质育人就是要帮助学生形成阳光的心态和健康的人格，提高学生的自尊和自信，使学生内心变得越来越充实和富有力量；是学校对所有学生充满了深切关注，没有人被忽视、被遗弃的一种教育过程。优质育人从其目标追求来说，那就是真正去为学生的幸福人生奠基，为一个好的社会培养好的公民。

基于对优质育人的理解和追求，景泰小学提出"幸福教育"。在办学实践中，学校紧紧把握时代特征，逐步确立了让学生享受幸福的教育、让教师享受教育的幸福、适合学校发展的办学理念，形成了比较持久稳定的发展方式。

一、深耕"幸福"，开辟优质育人的办学特色

（一）"幸福教育"的内涵与目标

"幸福教育"就是让教育愉悦、积极、高效、和谐。其目标是让参与教育的所有角色都懂得幸福、追求幸福、创造幸福、共享幸福，建构幸福的人生。

（二）"幸福教育"的研究体系

学校搭建起"幸福校园、幸福课程、幸福课堂、幸福活动"四大研究体系。努力把校园建设成师生共享、和谐发展的幸福乐园；把课程搭建成师生共享、和谐出彩的幸福舞台；把课堂转化成师生共享、自信成功的幸福行为；把活动打造成师生共享、快乐成长的幸福过程，让幸福充盈在学习生活的每一天，让师生共同拥有幸福。

"幸福教育"的核心就是和谐团结、身心健康、人格健全、持续发展。为了把"立德树人"内化到学校建设和管理的各个领域，学校明确了自己的育人观——阳光自信、健康发展；把"做人比才华更重要，成长比成功更重要"确定为

评价理念；把"让师生从各自的起跑线上，跑出自己的最快速度"作为教育评价观。

二、躬耕"幸福"，打造优质育人的党建品牌

随着研究的不断深入，学校更加深刻地认识到自身肩负着"为党育人、为国育才"的时代使命，更加明确学校肩负培养德智体美劳全面发展的社会主义建设者和接班人的育人责任。因此，学校以"党性觉悟和业务能力双提升"为原点，把党建工作作为实现新时代学校高质量发展的重要内容，紧紧围绕"立德树人"根本任务，深挖办学成果和红色基因，形成"幸福党建"特色。其核心就是通过积极而有效的工作，搭设平台，创造机会，激发党员践行党员角色、自觉奉献的价值感、幸福感，在教育教学改革中做示范、当先锋的获得感。同时，学校通过"爱心工程"让服务找准切入点、"同心工程"让支部掌握动力源、"实心工程"让党员增强使命感、"知心工程"让师生具有获得感。从而提升党员群众的幸福感和价值感，实现不同群体间凝心聚力、合力发展的目标。

三、精耕"幸福"，提升优质育人的过程品质

优质育人从教育过程的品质来说，是充满关注、能够让生命的活力充分涌流的，是能够让智慧之花尽情绽放的。而"幸福教育"就很好地诠释了这一点。

（一）构建"六育并举"的优质课程体系

一是德育视频课程。

十余年的不懈创新、实践、探索，景泰小学形成了较为完备的德育框架和养成教育目标体系。学校实施"互联网＋教育"，精心打造视频网络德育平台，形成了纵横交错的多维立体的教育格局。

大而全的平台格局——2015年建立了德育视频课网络平台，既有从央视新闻片或纪录片剪辑的内容，也有学校自主录制的视频课程，共14个类别，约5000个视频，成为学校德育视频资料的基础平台。

静而深的垂直格局——学校开发了德育校本视频课程"文明细节人人用"，视频课程的内容从学生校园日常规范的细节入手，用平易近人的、可视化的示范讲解取代苦口婆心的说教，为学生养成良好的文明行为习惯、学习习惯、劳动习惯起到了良好的示范，学生更易接受和喜爱，从而打造静而深的垂直格局。

小而美的驻点格局——在多维立体格局之中，还有精美的驻点。学校目前进行了"德育活动的即时直播"和应对特殊情况的"网络直播德育课堂"。每一期

的升旗仪式，红领巾电视台都采用了校内直播方式，做到线上线下自由切换，打破空间界限，让德育更具有互动性。

精而准的共育格局——我们抓住已有的网络平台优势，面向学生和家长开展"云德育"和"家庭教育指导"。教师们利用网络班会、视频沟通开展云端"五项管理小达人""家庭五育"等教育活动，让学生居家也能养成良好习惯。在线上"幸福聊天室"里，教师、学生及家长充分进行交流，家校共育促进学生养成良好的习惯。"互联网＋教育"让德育的学习内容和形式更加多样，让德育的推进与落实变得更加趣味化、弹性化和灵活化。

二是心育多样课程。

浇花浇根、育人育心。学校面向3—6年级学生开设心理健康课，关注学生潜能的开发和个性的全面发展。学校通过开设系列心理健康教育讲座让学生"知"，组织系列团体心理辅导活动让学生"悟"，设置系列心理困境让学生"行"，等具体措施，实施心理育人。学校还成立了学生心理志愿者服务小队，与电视台结合起来，开设心埋专题栏目。结合"心理健康主题活动月"，编辑相关学习资料，开展针对学生的丰富多彩的心理健康教育活动。

三是智育三级课程。

学校聚焦课程育人，围绕育人目标，确立了课程建设目标，并对课程实施特色定位。

育人目标：充实、提升、发展。

课程建设目标：人人受益，人人发展。

特色定位：关注人人成长，满足个性需求。

在此基础上，搭建起提升学生综合素养的幸福育人课程体系。比如，学校从人文素养、科学素养、艺术素养、身心健康、实践创新五个维度，确定了以"基础课程、拓展课程、特色课程"为三大支柱的"人人"系列的校本课程体系。其中，特色课程最为丰富，目前已经开发了涵盖德智体美劳领域的5类13项课程。丰富的课程在培养学生核心素养的同时，还培育了他们的人文情怀和审美情趣，让学生们懂得什么是责任与担当，帮助学生逐步形成适应个人终身发展、社会发展需要的必备品格和关键能力。

四是体育拓展课程。

在不同年级还设立了不同的体育特色课程：一年级啦啦操课程、二年级舞蹈课程、三年级足球课程、四年级身体素质课程、五年级排球课程、六年级篮球课程。

为了应对突发天气，学校还开设了室内校本体育课程，本课程包括夏奥和冬奥等 11 个专项的内容，涵盖了体育赛事和规则、场地的介绍，让学生了解体育运动，看懂体育赛事。特色课程全部进入课表，学生六年下来能熟悉和掌握几项体育运动，同时身体素质稳步提高。

五是美育发展课程。

学校的美育是为建设社会主义精神文明和培养学生心灵美、行为美服务的。因此，我们把美育纳入学校整体工作，成立美育工作领导小组，健全学校美育工作管理机制，其中戏剧课程借助"高参小"项目的平台，在低年级开展普惠式艺术教育，到中高年级逐步过渡到精品戏剧社团，并积极参加区级、市级、国家级比赛，通过美育促进学生的全面发展。

六是劳动实践课程。

劳动教育是中小学教育不可缺少的重要组成部分。学校提出"让学生在动手实践中成长"的教育理念，从实践活动到课堂劳育渗透再到班级管理，无不体现这一理念。

比如，开展以劳动教育为主题的实践活动。多年来，学校坚持"同心语志愿服务——分餐服务人人夸"食育教育活动。为了让学校、家庭中每一个学生都有自己的小岗位，从小树立劳动观念，学校以"劳动小岗位，成长大智慧"为主题，开展低年级学业展示活动。

（二）构建全学科育人的优质课堂教学框架

"育人"是教育的根本使命，是教师的根本职责，是学科教学的根本价值。学校要求教师要以学科知识为载体，以育人为目标，挖掘学科的德育内涵和价值，培养学生的学科核心素养。

我们提出了"教学中处处都有育人点"的德育渗透思想，提出"课前挖掘学科与育人的结合点、课上捕捉德育的渗透点、课后反思德育的成败点"的要求。同时，我们也认为，立德树人并不等同于思想道德教育，不能把所有的课都上成思想品德课，只有与学科特点紧密结合的育人方式，才是全面育人观的体现。

（三）构建实践育人的优质活动平台

学校构建"人人参与、人人体验、人人受益"的六大教育活动：主题教育活动、社会实践活动、才艺展示活动、学术讲座活动、班队社团活动、课外拓展活动。以六大活动板块为有效载体，学校打造了系列学习教育实践活动。

比如，在学术讲座活动中，学校开设了三级"五色土讲堂"。

一级讲堂为榜样讲堂。学校充分借助全社会的教育力量，如不同行业的专业人士、具有社会示范性的榜样人物、精英学子等。通过让这些社会的榜样、精英进校讲述他们自己的奋斗过程，引导学生从小树立正确的社会主义核心价值观，培养他们的爱国主义和集体主义精神。

二级讲堂为班级讲堂。每个班级自主聘请各行各业的家长们走进教室，走上讲台，把自己的职业知识传递给孩子们。

三级讲堂为学生讲堂。学校让学生们自己担任小讲师，为同学介绍自己最拿手、最喜爱的技能与知识。让学生充当主角，当上小老师，充分发挥学生的主观能动性。

（四）构建全员育人的优质育人模式

培养学生良好的学习习惯和行为习惯关系到学生的一生。因此，"双习惯"培养成为我校教育的基础工程。为此，学校形成了立体培养目标。培养学生习惯的教师主体不仅仅是班主任教师，还是全体教职员工，人人都是教育者，都要为培养孩子的双习惯尽责。因此，我们形成了全员培养模式。

（五）构建全程育人的优质评价方式

我校一直积极践行评价的育人功能，不断拓宽学业评价渠道，让学生走进真实生活，逐渐形成了以"小课堂·大课堂"为主题的评价特色，教给学生在生活中学习的能力、做人的品质，树立在学习中生活的意识。在实践的体验中，全方位评价学生综合素质水平，真正发挥评价的育人导向功能。

四、寒耕暑耘办教育，耕耘树艺收幸福

学校以优质育人为基点，以幸福教育为原点，以课程育人、全学科育人、实践活动育人、全员育人、全程育人为突破点，以"立德树人"为落脚点，经过多年的努力有了跨越式的发展：校园面积增大了近 3 倍；2022 年天坛东里小学并入景泰小学，学校实现一校两址办学。办学规模的不断扩大、教学条件的逐渐改善、师资力量的增强，带动了学校整体办学水平稳步提高，育人质量更被认可，极大地推进了学校优质发展的进程，现在的景泰小学已经发展成为一所颇有口碑的学校。

本篇作者简介
陈培荣，北京市东城区景泰小学校长。

科教融合，德才并重
——积极探索"科教融合"特色发展之路

中国科学院附属实验学校作为中国科学院行政管理局与朝阳区教育委员会合作建设的十二年制学校，先天就具备了将中科院的科研科教成果与基础教育实践相结合，探索"科教融合"培养创新人才道路的优势。2018 年以来，我们在这条道路上以"立德树人"为核心，精心设计、多方试点、逐层深入，多渠道、多形式、全层级、全方位导入中科院的德育资源、科教资源、专家资源。我们将中科院的精神、传统和文化融入校园，既强调"个人修养、社会关爱、家国情怀"，又关注"科学精神、人文底蕴、审美情趣"，也注重"自主发展、合作参与、创新实践"；既注重培养学生的科学素养和人文素养，也注重使其具备适应终身发展和社会发展的品格和能力。同时，学校立志服务国家重大战略需求，为每一个学生全面而有个性地发展奠基。

一、"科教融合"的理念是我们的血脉传承

五四运动，给古老的中华大地送来了"科学"的启蒙。从那时起，"科学"就与"教育"更加紧密地联系在一起，科学思想、科学方法的培养，科学知识、科学文化的传播成为教育的重要内容之一。"科学报国""科教兴国"成为几代人奋斗的理想。

科教融合的理念与实践，与中国科学院密不可分。中国科学院提出"高端科研资源科普化"和"'科学与中国'科学教育"计划，在更为宽广的范畴里推行"科教融合"思想，指导各研究院所结合科研成果，利用所属重点实验室、野外台站、大科学装置，将科普化后的成果与基础教育教学活动相结合，与中小学教师和学生的科学素养提升相结合，与拔尖创新人才早期培养活动相结合，逐步探索出了一片新的领域，为丰富教育内容、活跃教育形式、整合教育资源、扩大教育影响提供了新思路、新方法、新途径。

二、中科院的精神和传统为我们凝神铸魂

中国科学院前院长白春礼指出："教育的核心是培养学生的思考方法和精神生活习惯，不是知识本身，而是知识渗透生命后的行为素养；不是技能本身，而是技能养成习惯后的创新能力；不是人文本身，而是人文启蒙后理性的求真精神。"

作为中国科学院冠名的十二年制基础教育学校，我们传承了中科院的基因和血脉，以科学家精神宣传教育为抓手，以"三爱三气三结合三融入"为路径，以国家统编教材为引领，构建十二年一体化全学科协同育人体系。"三爱"是指爱党爱国爱科学；"三气"是指做中国人的志气、骨气、底气；"三结合"是指特色教育与传承科学家精神相结合、与京区党建相结合、与传承中华美德相结合；"三融入"是指特色教育融入学校文化环境建设中、融入师生全面发展体系中、融入学科核心素养培养中。

为此，学校党组织策划构建了"立德树人德育高地"和"家庭教育支持中心"，把立德树人扎扎实实地融入思想道德、文化知识、社会实践、家庭教育各环节，贯通学科体系、教学体系、管理体系，构建院所、学校、社会协同联动的"实践育人共同体"，全员全方位全过程育人。校领导在新教师培训班上做"中科院的传统与精神"报告，邀请中科院科学家精神演讲团进校做演讲，组织教师参观中科院科技成就展和研究所主题党建基地，与学校周边研究院所建立基层党建联系，进入高端实验室了解科研工作情况，组织青年教师讲科学家精神，等等。这使教师内心产生与中科院的情感联系。学校在中科院力学所举行少先队建队仪式，在两弹一星与中国科学院纪念馆举行建团仪式，在校园内为南仁东先生立碑，在走廊张贴院士画像和寄语。学校组织师生同讲科学家故事，邀请院士主讲每学期的开学第一课及院士大讲堂，邀请科学家家长分享科研故事。他们的成长经历、求学感悟、治学故事启迪着学生，引导着学生。

三、实践特色发展之路，关键在"融"

实践"科教融合"特色的发展之路，必须用好中科院的科普教育资源、品德教育资源。学校提出："科"是特色，"教"是核心，"融"是过程，"合"既是结果也是手段。学校纳入"科教融合"范畴里的，不仅有校外活动，也有课堂内容；不仅有科普阅读，也有动手实践；不仅有学科教学，也有人文培育；不仅有"读万卷书"，也有"行万里路"；不仅有青少年学生的拔尖创新人才培养，也有

面向家长的精神传递。

资源运用方面。每年都有数以百计的科学工作者走进校园，学校也安排数千人次的师生走进科研院所。学校紧密围绕"立德树人"目标，立足学业课程标准，结合课内教学任务，科学设计课程目标、活动方案。学校广泛运用新的教育教学工具，不仅引导学生在增长见识、丰富学识上下功夫，更帮助师生减轻负担、提高效率，教育引导学生珍惜学习时光。让学生心无旁骛求知问学，沿着"求真理、悟道理、明事理"的方向前进。

科学环境创设方面，学校部署科技活动场地 12 处，占地 1600 多平方米。科学园校区布置了院士寄语墙、科学体验走廊。华严里校区有高 3 米、长约 200 米的巨幅"科学壁书"，具备 10 万级洁净度实验条件的"科学方舱"，基于 FAST 反射面板设计修建的"时空广场"。这些与教学楼走廊张贴的科研成果前沿信息等，共同营造了浓厚的科学文化环境。

截至目前，已有 4 位诺贝尔奖得主、63 位院士到校为师生开办讲座。学校与中国科技馆、北京科学中心、朝阳区青少年活动中心共建"馆校课程"，与中国科学院共建"院校协同课程""科技创新课程""学生发展指导课程""引领成长课程"等特色课程群，受益学生万余人。学校还安排学有余力、对科研有兴趣的学生进入研究所做实验、做课题，在生命科学、电子与信息、模型、地球与环境等领域，组建学生科技社团 20 余个。在教师的学历分布上，学校的博士教师占比 15%，硕士教师占比 51%；在骨干教师的培养方面，各级各类学科带头人、骨干教师占比 55%。高素质高水平教师队伍成为学校开展各项科教融合活动的主力，多位在高中任教的博士教师下探到初中、小学带社团。"以硕博教师为主力军，以课题研究为发力点，以贯通培养为目的地"的科教融合道路探索已有小成。

四、科技教育奔跑式前进，"三全育人"成效初显

2019 年以来，我校连续荣获多项荣誉称号。高中部在全市范围内招收科技特长生 10 人。学生荣获国家级科技类比赛奖项 150 人次，市级科技类比赛奖项 371 人次。82 名学生获得"实用新型"专利证书。

科技教育奔跑式前进，带动教育教学、艺术体育等领域迅速发展，全员全过程全方位育人成效初显。我校连续获评朝阳区义务教育教学质量优秀校、工作优秀校，同时，我校学生在多项北京市级比赛中载誉而归。这展现了学校素质教育的成果。

唯实、求真、协力、创新，这是中国科学院的院风，也是学校的校风。唯实，是将实践作为检验真理的唯一方法；求真，是遵循事物发展客观规律，勇于追求真理；协力，是彼此信任，有效分工，通力协作；创新，是敢于质疑，勇于探索，不断提升创新能力。在院风的指引下，学校以科技为体，以创新为翼，让学生在扎实知识基础上涵养个性，让他们为增长知识和智慧走进学校，为服务国家和民族走出学校，早日成为优秀的社会主义建设者和接班人。

本篇作者简介

陆建伟，中国科学院附属实验学校校长，曾任中国科学院行政管理局教育发展处处长，多年从事新闻出版、科普和科学教育工作。

"三维融合"施策　幼小深度衔接

2014 年 9 月，北京育翔小学回龙观学校建校，该校是一所由昌平、西城两区政府联办，昌平区教委直属的公立学校。

学校顺应时代发展需求，主动适应昌平区建设"国际科教新城"发展定位，秉承"可持续幸福教育"理念，以培养具有"国际视野、家国情怀，心自强，行有为"的现代文明人为育人目标，为学生的一生幸福成长负责，有序开设实施"1＋9"可持续幸福教育课程，努力将学校办成使学生适应现代生活的体验场和创造未来生活的孵化器，努力办人民满意的教育。

学校作为昌平区 2014 年九所引进校之一，每年可满足周边 300 余名适龄儿童的入学需求。为进一步贯彻教育部《关于大力推进幼儿园与小学科学衔接的指导意见》，全面推进幼儿园和小学实施入学准备和入学适应教育，减缓衔接坡度，帮助儿童顺利实现从幼儿园到小学的过渡，学校综合利用资源，以"尊重孩子的年龄特点和发展规律，考虑孩子的心理需求和发展需要"为基本原则，以"如何解决幼儿园与小学的衔接问题，怎样让孩子从幼儿园平稳过渡到小学，促进幼儿健康、快乐地成长"为重点，积极与所属回龙观西学区范围内三所公立幼儿园深度合作，以"三维融合"为策略，加强家校协同育人，共同为学生的幼小过渡创造良好的条件，积极构建协同育人机制。

一、"融"发展：区域联动促发展，凝心聚力共提升

（一）强化校内教研

学校将幼小衔接工作作为教研工作的重点内容，并纳入年度学习培训计划。系统组织全校教职工深入学习《幼儿园入学准备教育指导要点》和《小学入学适应教育指导要点》等文件精神。同时以一、二年级教师为主，对教师开展有针对性的培训工作。组织教师围绕儿童身心准备、生活准备、社会准备和学习准备四个维度进行专题教研，推动幼小衔接工作的有效落实。

（二）加强区域联动

我校积极与所属回龙观西学区三所幼儿园（棉花胡同幼儿园回龙观园、北京市第六幼儿园回龙观园、首师大附属回龙观幼儿园）共建协同育人共同体，完善顶层设计，确保衔接责任落实。我校建立长效工作机制，形成行政推动、教研指导、合作衔接、家长配合的良好氛围。通过实地调研、专题教研、系列讲座等方式，加强幼小深度合作。

（三）学段互通互融

"走出去"——一方面，我校教师走到大班幼儿身边，通过观摩、沟通和调查，从不同的视角切身感受孩子在环境、课程、生活等方面的异同，从而有针对性地准备适应性教育内容。在一年级上学期的入学适应期中，我校积极转变和改革教育教学方式，强化与幼儿园教育的衔接。另一方面，我校教师与幼儿园教师分享一年级入学后，孩子在行为习惯、意志品质、自理能力适应等方面可能会出现的问题；同时介绍更有利于儿童从以游戏为主过渡到课程学习为主的优秀经验做法。

"请进来"——一方面，我校邀请幼儿园团队开展系列幼小衔接交流。幼儿园园长、教师们结合大班幼儿的实际情况，围绕幼儿入校适应，介绍幼小衔接过程中需要做到的身心准备、生活准备、社会准备以及学习准备，带来了许多解决实际问题的小妙招。游戏化的探究学习方式、儿歌教学法、探究性学习法等。另一方面，我校邀请幼儿园大班教师走进学校，了解孩子们的入学适应情况，再根据问题对幼儿园大班的幼小衔接方法进行调整，做到双向了解，发挥教师在幼小双向互动中的作用。

二、"融"成长：探索适应教育课，多种形式促成长

（一）以多项校本课程扎实推进幼小衔接工作

学校生活技能课程、国际礼仪课程、心理健康课程、养成教育课程、综合素质发展报告书中均涵盖幼小衔接内容，并研发配备校本读物。其中，生活技能课程帮助一年级新生学会自理，掌握自主穿衣、系扣子、叠衣服、洗漱、收拾书包、整理物品等基本能力，本着该做、能做、做好的原则，帮助孩子们适应小学生活。国际礼仪课程培养学生良好的日常行为习惯，教导学生讲文明有礼貌，尊敬老师，团结同学，以具体情景规范行为，养成文明有礼的日常习惯。心理健康课程引导学生了解进入小学后的心理变化，疏解情绪，正确认识小学生活。养成

教育课程以学生在校期间一日生活为具体情境,让学生在体验中感悟、生成正确的行为,再通过强化训练促进良好行为习惯的养成。

(二) 以养成教育绘本为抓手落实适应性教育

学校成立课程研发组,编写入学养成教育课程绘本。绘本以生动的卡通形象,以小学生在校期间一日生活具体情境为线索,内容包括学生入校、晨读、课间、课间操、升旗仪式、午餐午休、大课间、参加学校兴趣班社团活动、放学回家等学校生活全过程,基于真实场景介绍小生活,方便家长和学生了解、学习在校一日常规。在一年级新生入校前,全员配发绘本,由家长引导、陪伴学生共同了解相关内容。一年级新生入学后,在每周二班会时间,进行情境体验式学习,校级、年级、班级、小组也以此内容为评价的依据,通过多方合作,共同促进学生良好行为习惯的养成。

(三) 可视化呈现小学生一日学习生活全过程

学校根据学生一日在校学习生活,全流程全要素拍摄短片视频,生动形象地向一年级学生及家长介绍小学生活要点。通过各个场景的真实细致呈现,满足了孩子们对小学生活的探知愿望,帮助他们更全面、更直观地了解小学的学习生活。家长也可借助视频内容,有针对性地对孩子进行适应性训练,共同以积极的心态迎接小学生活的到来。同时,学校协助幼儿园拍摄幼小过渡教育视频,帮助幼儿园的孩子更有效地为幼小衔接做好身心准备、生活准备、社会准备和学习准备。

(四) 协调配合所属学区内幼儿进行实地参观

学校积极对接,让孩子们通过实地探访,提前熟悉小学生活环境。带领孩子们走进课堂,观摩课间操、眼保健操及放学环节等,让他们感知了解小学生活,对小学生活产生好奇和向往,激发他们上小学的愿望。在学校重要节庆活动期间,例如体育节、读书节、多元文化艺术节等重要时间节点,邀请幼儿入校体验参观,带领他们深度体验多姿多彩的小学生活,从而提升对校园的熟悉度和亲切感。

三、"融"陪伴:家校合作共陪伴,谱写教育新篇章

(一) 畅通家校沟通渠道

学校设立了"班级—年级—校级"的三级家委会制度。在民主公平、自我推荐和家长投票的基础上成立一年级家委会和各班级家委会,搭建家校沟通桥梁,同心携手,争取教育合力,为孩子的成长营造积极向上的环境。同时,考虑到家长反馈问题的便捷性及家校问题的多样性,学校还建立了"五级沟通反馈"制

度，五级即"班主任—年级组长—相关部门领导—副校长—校长"，家长有问题可以逐级反馈。如对结果存在质疑，家长可以向上一级继续反馈，直至问题解决。另外，学校在校园外墙上设立了校长信箱，家长可以将建议或意见写成信直接投至信箱中。多措并举畅通家校沟通渠道，助力家校共育，为学生顺利实现幼小过渡提供强有力的保障。

（二）强化家校共育机制

一年级新生入学前及时启动家长培训系列项目。学校统筹安排培训内容，学校骨干班主任、心理教师团队围绕家长最为关切的问题，通过一个个生动真实的案例，进行细致解答，并提出中肯建议，帮助孩子们更顺利地开启小学生活。学校邀请知名专家开展线上系列讲座，引导家长明白好家风、好家教对孩子的影响，以及家长作为孩子榜样的重要性，并强调了家庭、家教、家风三者有机统一的重要性，助力家长的家庭教育。

（三）营造良好家校关系

学校主动作为，积极换位思考，想家长之所想，急家长之所急，解决家长之所需，充分营造和谐融洽的家校合作氛围。在重要时间节点，例如每年新生入学前，集中对值班教师和招生教师进行相关培训。招生工作结束后，立即成立以年级组为单位的迎新工作团队。德育主任负责班主任培训，一年级的年级组长负责组织组内教师学习幼小衔接相关工作要求，从学校和教师层面为新生入学做好充足准备。开学前，分别组织召开以年级和班级为单位的新生家长会，指导家长做好新生入学心理准备和学习条件准备，有针对性地对孩子进行训练和培养，缓解家长紧张焦虑情绪，树立科学的幼小衔接理念。新生入学后，组织新生家长参观校园，了解校园环境及学生在校学习生活的基本情况。

四、展望未来

未来，学校会进一步提升教育活动的丰富度和趣味性。学校将推进基于儿童的游戏化教育活动，引导儿童有效地从思维方式、学习习惯、社会技能等方面适应小学生活，顺利实现幼小衔接，为后续学习生活打下良好的基础。

本篇作者简介

张子路，北京育翔小学回龙观学校校长。

对管理育人与探索首都教育现代化的思考

2019 年 9 月，北京市委、市政府发布《首都教育现代化 2035》。学习《首都教育现代化 2035》文件精神并结合庞各庄镇第一中心小学情况，我深刻体会到推进教育现代化对于首都建设和学校发展皆有着非常重要的意义。

庞各庄镇第一中心小学属于典型的乡村学校。如何打造乡村学校的育人文化、创新育人理念、优化办学内容、建设优秀队伍等一系列问题，是我初到学校思考的重点问题。结合《首都教育现代化 2035》的目标及育人理念，我决心做好京南乡村学校现代化发展的攻坚人，让这所农村老校焕发出时代光彩。

一、高质量党建引领学校发展行稳致远

"党建引领，全面提升"是我始终坚持的管理原则。坚持做好"党组织领导的校长负责制""党团队一体化建设"等重点工作部署，积极发挥党建引领作用，科学做好学校管理。我校牢记"为党育人，为国育才"的初心和使命，坚持把政治优势、组织优势转化为发展优势，促进广大党员干部拼搏奋进、攻坚克难。

2022 年 6 月 29 日，在大兴区委教育工作委员会组织召开的教育系统"七一"表彰会上，我校作为"党组织领导的校长负责制"改革试点校，交流试点工作成果。

我校以"阳光党建"品牌建设为依托，构建一体化育人模式。党建有三个核心目标：营造全员育人氛围，打造全过程育人链条，打通全方位育人平台。党建有三支关键队伍：党员带头，团员进步，队员成长。这就形成"大思政"背景下的思政教育强大合力和政治吸纳力，筑牢少年儿童成才之魂。通过把好方向，健全组织，抓好骨干，多方联动，形成党团队一体化的规范格局。实现立德树人成效进一步提升，德育工作特色进一步彰显、育人水平进一步提高。

二、学校管理模式的现代化发展实践

教育现代化需要我们用现代先进教育思想和科学技术武装人类，使教育思想

观念、教育内容和方法等逐步提升，培养出高素质人才。我校立足于"文化育人"的理念，注重文化传承。学校作为文化传播的主体，文化的传承、传递和创造非常关键，这就需要建设站位高远、具有前瞻性发展眼光的干部队伍。作为乡村学校，不仅要结合实际场域，更要突破创新找到自身的发展前景；此外还需要加强师德师风建设，打造"创新发展、业务精湛"的教师团队，学习"双减"政策，把握"教师交流轮岗"的契机，努力盘活优质教育资源，加速教育教学提质增效。最重要的是建立以人为本的育人模式，现代教育的目标和使命是强调以人为本，把重视人、理解人、尊重人、爱护人、提升和发展人的精神，贯注于教育教学的全过程，促进人自身的发展和完善。

（一）树立"文化育人"的现代理念

我校坚持文化育人的先导性，以"加强党对教育工作的全面领导"为统领，深挖"阳光教育"文化内涵，科学制订学校三年发展规划；通过创建"阳光党建·铸魂育人"文化品牌，以"四梁八柱"强力架构提出党建与业务融合发展新策略，千方百计在完善体制机制上下功夫，力争通过高质量党建引领高质量教育教学工作发展。

"阳光党建·铸魂育人"品牌建设，为学校建立学习型党组织提供了文化内核，促进党建与教育教学工作同向发展。一是构建了思想建设的"阳光制高点"，实现理论高度引航。二是形成了作风建设的"阳光透明层"，让权力与责任在群众监督下良性运行。三是创设了文化建设的"阳光滋养区"，搭建每一朵生命之花都能绽放的平台。四是推动了队伍建设的"阳光辐射带"，让党员、优秀教师成为引领，辐射全局。

（二）锻造"站位高远"的干部队伍

通过提升三支关键队伍的素质，促进学校整体工作快速提升。我校不断完善干部培养机制，通过实行干部交流轮岗，多校区、多岗位锻炼，提高干部发现问题、解决问题的实践能力，增强群众可信度。设计丰富多彩的活动，增强团队凝聚力和向心力。"三八"国际劳动妇女节宣讲巾帼故事、中秋节组织外地教师做月饼、春节为教师送上红色祝福……以此形成健康和谐的政治生态和干群关系。构建"行政＋业务"双轨培养制，培养"双强型"干部，给青年干部压担子、搭平台，形成科学规范的后备干部培养机制，使团结奋进的领导团队成为学校可持续发展的坚实堡垒。

（三）牢固"为民服务"的师德师风

我校在为民服务方面，做到了"三心"：

诚心为家长做实事——开通多条校内热线、校长信箱，倾听真实民声；通过开设家长讲堂、家校议事厅、家长开放日等，与家长真情沟通，做到"接诉即办、未诉先办、民盼我办"，提升群众的满意度。

真心为学生做实事——发挥各校区特色，开设适合学生综合素质发展的多样化特色课程和学生社团，率先在全区开设家政课程和食育课程，以食育德，以劳增智，落实"五育"并举。

用心为教师做实事——成立教师发展中心和班主任工作坊，积极为教师争取交流展示平台，深入推进五校区联动，同步研修，实现协同发展。

（四）打造"创新发展"的教师团队

素质教育应着眼于学校教师整体素质的提升。2015年，国务院印发《乡村教师支持计划（2015—2020）》明确提出必须把乡村教师队伍建设摆在优先发展的战略地位，加强边远地区乡村教师队伍建设。

对于乡村学校来讲，教师是学生们看世界的窗口，教师的创新发展和与时俱进能力的提升是学校重点关切的问题。我校积极统筹协调、科学规划、稳步推进教师队伍建设工作，指导教师制订个人发展规划；成立"雨露"班主任工作坊和教研中心，发挥专家优质资源与本校"实践导师"双重作用，提高教师班级管理和业务能力，促进教师专业化水平提升；积极组织党员骨干主持申报并一举立项多个课题，开创科研兴教新思路；加大青年教师的培养考察力度，依托"名师工作室"开展"名师引领助成长"结对跟岗活动；聘请多学科的专家、教研员到校深入课堂听评课，提升课堂教学把控能力；每年举办"青年教师课堂教学技能展示"活动。在2021年新一轮学科带头人和骨干教师评选中，我校入选市级骨干教师3人，区级学科带头人3人，区级骨干教师14人。勤奋上进的教师团队，成为学校可持续发展的不竭动力。

（五）坚持"以人为本"的管理理念

随着教育理念的改革和教育内容的创新，乡村地区教育改革蓬勃发展，对于进一步促进乡村地区教育水平的提高十分有益。相较于城区学生，乡村学生的学习和认知上的差异较为明显，各个家庭的生活状况截然不同。因此，过去权威统一的班级管理方法效果并不好。

我校全面改革既往管理体制，贯彻"以人为本"的学生管理理念，尊重学生的差异性和个性化，为学生设计开发丰富、有趣的活动，促进学生德智体美劳全面发展。首先，自上而下贯通优化管理理念，充分发挥学生的主动性和积极性，为学生树立正确的人生观、世界观、价值观奠定基础；其次，完善班级管理制度，设置更为宽松和谐的管理模式，充分挖掘学生管理的能力，设置学生自主化管理模式；最后，探讨多元化班级管理活动，充分发挥学生主观能动性，以学生个性化需要为出发点，形成多样化的活动形式，赋予育人管理更多的可能性。

三、做首都教育现代化的探路人

"欲问秋果何所累，自有春风雨潇潇。"经过两年多来的尝试和探索，扎实的管理、敬业的队伍、优异的成绩让学校充满了生机与活力，学校正以良好的态势蓬勃发展。我深知，这仅仅是开始。管理育人和首都教育现代化发展的必要性和紧迫性已然彰显，在乡村振兴的伟大使命下，在首都教育现代化发展的征途中，还需要我们不断探索发展模式，总结经验，为把学校办成一所为教育赋能、为生命蓄能、为发展释能的高水平、高质量的农村学校笃行不怠！

---- 本篇作者简介 ----

张江涛，北京市大兴区庞各庄镇第一中心小学校长。

贯通一体　成长出彩
——新课程视域下学校课程一体化探索

　　课程是学校落实立德树人根本任务的重要载体，是聚焦中国学生提升核心素养，培养社会主义建设者和接班人任务的支撑。做好学段衔接，构建结构完整、方向一致、目标聚焦的一体化课程体系，意义重大。

一、原色教育

　　首师大附中大兴南校区于 2012 年落成并投入使用，学校坐落于大兴生物医药产业基地区域内，毗邻美丽的永定河。学校秉承首师大附中百年办学传统，结合本校实际，在发展中确立以"让每个生命都出彩"为方向的"原色教育"办学思想。

　　让每一个孩子都对自己有信心、对未来有希望。"原色教育"的追求就在于遵循教育规律，守初心，强根本，行致远。努力让学校教育回归朴素而美好的样子，为孩子一生成长奠基，为生命出彩蓄力。

二、"原色＋"课程

　　"五育"并举，培育全面发展的人，是时代对教育的要求。我校充分发挥九年一贯制学校管理优势、课程优势，统筹规划、充分整合各学段、各学科、各育人环节、育人环境和育人资源，确保孩子在南校区的九年，完成其人生中重要阶段的坚实奠基——从"童蒙养正"到"少年养志"再到"成德达才"，循序渐进，自然而然，努力让每个孩子成为身心健康、素养良好、志向高远、具有特长的出彩学子。

　　自然界中光的三原色为红、绿、蓝，经过折射可以有万千色彩。基于"让每个生命都出彩"办学方向的"原色＋"课程体系就是源自这一理论。红、绿、蓝"三原色"是基本色，"＋"是无限可能。基本色通过光的折射、调和，生成万千色彩。红色维度是基础课程，面向全体学生，重在打实基础，以国家课程为根本；绿色维度是拓展课程，重在知识和能力延展，基于学段目标，设置不同的课程主题和实施方式，最大限度拓宽视野、拓展知识，完善认知结构；蓝色维度是个性课程，重在发展特长，学生根据兴趣爱好选择适合的课程，开展个性化学习。

三个层级涵盖六大领域、17 门学科主干课程、10 组群体课程与 26 项自选课程。"原色教育"提供厚实、丰富的课程，旨在基础教育阶段，能够全面育人，落实"四基"，发展核心素养并满足学生多样化成长需求。

三、一体化课程结构

生活本身是融合的、不分领域和专业的；学生的成长也不是被学科和学段分割的，而是大融合、大整合的。为学生提供丰富的课程是基础。在此基础上，"原色教育"探索课程间的关联与贯通，不断增强课程的综合性和实践性，让学生成长一体，素养一体，发展一体。打造以主题为引领的"原色＋"跨学科一体化课程。让原本看似孤立的学科教学、课程活动，形成联结，建立融通课内外、校内外、贯通全学段的课程实施大体系。

一体化课程以目标、内容、途径、方法、管理、评价六个部分为纬，以小学低年段（一、二年级）、中年段（三、四年级）、高年段（五、六年级）和初中（七、八、九年级）四个学段为经，横向贯通，纵向衔接，横纵交织，进而构成一个时间上具有全程性，空间上具有全面性，内容上具有逻辑性，能够产生更大整体效应的课程体系网。

文史类课程领域以培养学生思辨与分析能力为核心，融合中华优秀传统文化，消解各学科的隔阂，打破学科固有的疆界，主动开展合适的、有针对性的跨学科知识整合，在学科综合实践中，开阔视野，培养综合能力。科学类课程领域以培养学生抽象概括能力和推理论证能力为核心，融合科技前沿信息，科学实验进行实践，全面培养动手能力、数据处理能力、分析和解决问题的能力。

四、一体化课程实施

跨学科一体化课程对学生来讲，是一个循序渐进、拓展学习宽度与积垫知识厚度的学习、体验、感悟的过程。这一过程就是发现的过程、认知的过程和原色调和的过程。课程内容在国家课程基础上，根据学段目标、认知特征、兴趣特征，进行有针对性、有计划性、有系统性的整合与设置。课程内容贴合学生实际生活，为学生提供大量实践、探究、交流与合作的机会，帮助学生系统构建知识体系，培养学生创新精神和实践能力，给予学生必备品格和关键能力，让学生在实践中成为责任担当者、问题解决者，促进其全面发展。

例如，一体化课程链中，有这样一条家国情怀、文化认同课程链，即基于不同学段学生认知发展的特点、兴趣特征，整合校内、外课程资源，分阶段、分主题开展文化认同、民族自信课程。

课程链分学段纵向培养，引领学生从认识到理解，从感知到实践，给学生丰富的知识、情感体验。我校将民族文化与精神融入课程实践当中：品读中华优秀传统文化，走近民族英雄。这进一步激发学生的爱国主义情怀。

每个学生从一年级便开始接触"家国情怀、文化认同"这一组课程，从小形成对国家、对文化的认识与了解、认同与传承。不同的认知阶段有不同的课程形式，但又都指向同一个目标，即培养有着深深文化烙印的中国人。

除此之外，在课程一体化思想的驱动下，我校还探索"我爱科学""出彩德育""书香阅读"等不同课程维度的学科整合一体化课程链。将"统整"理念融入课程教学中，集零为整，整体推进，寻找课程实施的校本化之路。

就一体化课程内容而言，学科课程的统整突破了以往学科与学科缺乏关联、单元与单元相对独立的局限，以大单元、大主题、大概念的形式体现，对一类别、一系列的课文或教学内容有效统整，重构设计，避免了知识的散点化、无序化。构建一种链式、网式的结构化学习模式，有效体现国家课程的校本化实施，更好地助力学生的成长。

课程可以反映学校的育人追求。学生的学习、体验的过程，是完整的生命体验过程；是自然状态下，打破学科壁垒的知识探究过程；更是随着学段增长，逐步对生活加深理解、增进感悟、主动承担责任的完整社会人形成的过程。

课程一体化建设，让教育实现了课程与课程的联合、学习与生活的联结、教学与育人的联动。所有的课程彼此观照、融合、印证，共同为学生的成长撑起一片天空。绘制课程育人的生动图画，为其一生成长打好纯正的底色。

本篇作者简介

张英，首师大附中大兴南校区校长。

"双减"背景下高质量班主任队伍建设的思考与实践

　　首都师范大学附属朝阳实验小学成立于 2013 年，是一所年轻的、发展迅速的、规模较大的区级示范校和国际教育交流窗口学校。

　　随着素质教育的深入，特别是"双减"政策的出台，"家校社"共育从"必需"变为"急需"，学校作为其中的重要环节，责任重大。"德育为先""立德树人""五育"融合，班主任作用极其重要。如何建设一支高质量的班主任队伍？我们一直在全力探索。

一、贵在理念：以办学理念引领班主任团队建设

（一）班主任参与办学理念的确定

　　我校的办学理念——"让每个人都精彩"，是建校初期全体教师和家长本着"遵循教育发展规律，尊重孩子年龄特点，承认孩子的个体差异，让每一个孩子都能享受校园幸福生活"的原则共同确立的。班主任参与了"研讨—修改—完善"的全过程，并围绕办学理念确定了学校的发展目标、管理目标、师生培养目标、课程建设目标、特色育人目标，制定了学校章程及学校管理制度。整个过程既体现了学校的民主管理，又使班主任的教育理念得到升华，为以办学理念引领班主任团队建设打下良好的基础。

（二）以办学理念引领班主任前行

　　办学理念"由共识到践行"是一个质的飞跃。所以，我校从管理层面加强班主任队伍建设，做到了"五个一"，即新入职教师第一课（办学理念的学习与思考），每周一节"精彩班会"，每月一次"精彩主题分享"，每学期一次"精彩讲座"，每年一次"最美班集体"表彰。这些举措使班主任提高认识，明确方向，找到自我，树立自信，最终实现对办学理念的价值认同。与此同时，办学理念的内涵和外延也在实践中不断地拓展着。

二、重在管理：以整体推进开创班主任发展新格局

在聚焦立德树人根本任务的前提下，班主任队伍建设必须"重在引领"，抓好常规落实，鼓励创新发展，注重班主任群体文化建设。

（一）注重常规，抓好"四个落实"

在班主任日常工作管理中，做到"四个落实"：常规琐事的落实——做到有记载、有反馈、有处理；班级管理的落实——健全班级管理组织，培养班干部团队；课堂效率落实——确保课堂教学高效高质量；学生综合素质评价落实——立足全面发展，制定学生综合素质评价实施规程，做到全面、公正、客观、激励，通过评价让校园成为每一个学生最安全、最温暖、最能得到力量的地方。

（二）整体推进，开创发展新格局

一是精准规划，推进"三工程"建设。

我校在"以人为本、和谐民主、协作有序、共同成就"的管理文化浸润下，认真分析班主任队伍的优势与劣势，制订了班主任培养规划，为班主任分类分层量身制订成长规划。例如：针对新班主任教师，学校推进"启航工程"，开展班主任常规工作培训、师徒结对，提升其胜任班主任岗位的能力；针对工作经验五年以内的青年教师，推进"青蓝工程"，通过主题交流、沙龙研讨、项目式学习等，发现青年班主任自身优势，帮助其找到符合自身成长需求的特色发展方向；针对骨干班主任，推进"名师工程"，通过让他们主持课题、撰写著作、开展专题讲座和"一对一"专家指导等方式，帮助他们进一步提炼教育思想，成为在区（县）、市、全国有一定影响力的教师。

二是创新平台，建立"班主任工作室"。

我校成立了"童心·同心"班主任工作室和青年名班主任工作室，以"提高班主任专业化水平，促进班主任专业化发展"为方向，给不同层次的班主任提供发展平台，学校提出"允许走不齐，但要一起走"的目标，落实"师徒共进，内外共培，同心共育"。学校正在由"管理教师"向"引领教师"转变，积极营造尊重、信任、合作、共进的文化氛围。

三、强在专业：以专业成长驱动班主任队伍建设

班主任队伍建设，应落实在每一位班主任的成长和发展上，全面提高他们的师德层次、专业高度和文化影响力，才能形成更强劲的态势。

（一）注重"五项基本能力"培养，增强班主任专业发展自信心

学校对班主任专业能力进行全员诊断后，确定从"五项基本能力"进行培养，即写作能力、调查能力、沟通协调能力、组织能力、会议召开能力，初步形成了班主任"五种基本能力"培训的系列课程。其中，"沟通协调能力"和"组织能力"的课程最受青年班主任喜欢，"调查能力"和"会议召开能力"的培训组长最受益。每月一次"精彩主题分享"，大家结合身边发生的事进行案例交流；"写作能力"和"表达能力"明显提升，营造了"人人可进步，人人能进步，人人大进步"的自信文化场。

（二）抓关键素养，引领班主任队伍自主成长

下面以两个班主任"种子"基地建设为例进行说明。

第一，成立"童心·同心"班主任工作室。面向全体班主任，让每一个班主任走向成熟——被称为"成熟种子"培育基地。第二，成立青年名班主任工作室。面向"有理想、有追求的年轻人"和骨干教师，让一批青年教师更加优秀，成为学校发展的栋梁，被称为"创新种子"的孵化基地。

（三）强化问题导向，推动班主任队伍自觉发展

问题导向就是以解决问题为方向，进行治理改革，是现代学校管理的重要方面。坚持问题导向，不仅是工作方法、精神境界，更是原则和品质。引导班主任善于发现问题、分析问题、用科学的方法解决问题来梳理统筹各项班级工作。学校助力教师自觉发展做了两件事。

第一，汇总问题，同伴互助。每学期末，学校通过访谈、问卷等方式，在班主任中收集日常工作出现的问题并进行汇总分析。开学初，组织教师对"真"问题和普遍"突出"问题开展主题式交流，各抒己见，同伴互助，共享解决问题的科学方法。发现问题是能力，解决好问题是本事。会将问题梳理协调，让班级各项工作有条不紊、章法有序，就成就了班主任的专业精彩。

第二，课题研究，提升智慧。德育部门鼓励教师积极主持或参加区级以上课题研究，请专家指导。教师在研究实践中凝练问题，自觉寻求解决策略。他们不再"怕问题""回避问题"，"解决好问题"的成就感将带给他们幸福。

以教研做"引擎"，推动班主任队伍自觉成长，班主任更有教育智慧，学生也成长得更好。

四、赢在质量：以高质量育人引领班主任队伍建设

（一）以"同心圆"德育课程，带动班主任主动成就

学校围绕着"让每个人都精彩"的办学理念，构建了"同心圆"德育校本课程，班主任参与课程开发和实施。他们在学习政策、研究学生需求中找到了自己的差距，懂得了必须坚持以"学生的可持续全面发展"来确定适合学生的多元课程……连教师自己都说"在这个过程中，不仅是研究课程，更是在研究自己，研究学生，研究未来教育的方向……"课程育人，带动班主任主动成就。

（二）以活跃班级文化，促班主任育人能力提升

班级文化从某种意义上决定着学生的教育品质，我们将学校 100 个班级作为高质量育人的"核心阵地"。班主任不仅给自己的班级文化认真定位，还要创新性地与家长携手策划组织学生活动，参与各项比赛。这样，成就学生精彩的同时，班主任也在成长。现在，校区间"和而不同"，班级间"个个精彩"，班级文化充满着"健康博爱、乐学自信"。

理念、管理和发展，最终要转化为学生的高质量成长，以学生的优质发展促班主任育人水平能力的提高，师生同发展，才是"赢在质量"。

（三）以协同育人，成就班主任的专业精彩

班主任在学校的地位非常特殊，课程建设、教学改革、作业优化、各学科协调等都离不开他们。现在，"家校社"协同育人对班主任提出了更高的要求。关系不得不协调，学科不能不整合，各项工作不得不优化，由被动接受转变为主动完成。联结"共同体"实现高质量共育，成就了班主任的专业精彩。

学校成立以来，历经了规模发展、融合发展、集团化发展阶段，现已进入优质快速发展的阶段。我们将继续认真贯彻党的教育方针，落实《新时代基础教育强师计划》文件精神，落实"双减"精神，提质增效，坚持"让每个人都精彩"的办学理念，走学校文化发展之路，为办人民满意的优质小学不懈努力！

┌─ 本篇作者简介 ─

佟旌，高级教师，现任首都师范大学附属朝阳实验小学校长、首都师范大学初等教育学院兼职教授。

快乐航程　多彩花季
——关于"成长教育"的思考与实践

近年来，北京市第八十中学枣营分校以"成长教育"为引领，经课题组成员的研究实践，把提升学生综合素养作为落实立德树人根本任务的重要抓手，通过明晰理念、管理变革、拓展课程、实践研究等，不仅完成了"成长教育"办学理念引领下学生核心素养提升途径的探索，而且在"九年一贯制"学校教育教学中办出了自己的特色。

一、理念贯通，奠基人生底色

"成长教育"实践中，北京市第八十中学枣营分校把学生在校的九年学习生活看作在知识与能力的海洋中的一次航行，整个航行划分为 5 个航段：一、二年级为启航之旅，三、四年级为扬帆之旅，五、六年级为乘风之旅，七、八年级为远航之旅，九年级为收获之旅。由此确定每个航段学生"一个能力与八大素养"（一个能力指学生学习能力，八大素养指文明、生活、劳动、创新、合作、体育健康、艺术八方面素养）的具体培养内容。

二、管理变革，优化管理机制

理念先行，完善机制，紧抓落实，才能有效推进改革。

教育实践中，北京市第八十中学枣营分校实施干部包学科、包航段责任制，即校长与干部签订责任书，要求每人每月听所包学科课程不少于 15 节，参与所包航段主题教育活动、社会实践活动不少于 4 次。学校每月对干部所包学科、航段工作进行考核评价，同时把此项工作作为干部年度考核的重要内容。

建立奖励机制，调动教师积极性。我校成立审评组，根据学生能力和素养培养绩效，分别对教师进行月总结评价、学期总结评价、学年总结评价，把三级评价结果作为教师年度考核内容的重要依据。

建立反馈机制，及时改进学校工作。我校常年坚持开展"百名教师访千家"活动，听取家长对学校工作的意见和建议。通过意见反馈，及时改进学校工作，更好地为学生及家长服务。

三、校本课程，落地育人目标

校本课程是学生核心素养发展的重要依托。我校着力开发融系统性、真实性、趣味性于一体的校本课程，将知识与生活紧密相连，拉近知识与学生的距离。与此同时，我校以发现探究式的课堂组织方式，改变传统的课堂生态。在课时保障方面，"语、数、外"每周开设一节校本课，"理、化、科、史、地、生、体、音、美"每月开设一节校本课。在校本课实施过程中，我校鼓励教师以项目式学习推进学生深度学习，培养学生持续研究学习的能力。师生们形象地把语文校本教材命名为"文学号"，把数学校本教材命名为"智慧号"，把英语校本教材命名为"交流号"……各航段不同学科的知识船搭载着各自特有的知识内容与学生的梦想，向着发展目标奋力前行。

四、跨界教育，打造生动教育

我校以主题教育和社会实践活动为抓手，知行合一，全面提高学生核心素养。

主题教育主要集中在班队会、升旗仪式等时段，每个航段按照学校统一制订的素养要求目标，在两年内逐项完成本航段学生八大素养的专项培养与提升任务。

我校将社会实践活动作为检阅学生学习能力与八大素养的有效方式，围绕核心素养，组织教师及学生精心设计符合各航段学生实际的主题教育和社会实践活动，让学生在活动中感悟，在感悟中成长。

五、多维评价，助力素养发展

核心素养评价对于核心素养的形成有着独特而重要的作用。我校关注学生能力与素养提升的过程，用成长记录形成学生一至九年级各航段中学习能力与八大素养发展的过程性档案。以校本课为例，学科教师课前下发"探知单"，学生课前按照要求查阅探究相关知识，课上通过合作形成学习结果，教师根据学生课前准备情况及课上表现给予等级评价，学生就以上两个阶段自己的表现进行自评。

素养展示也是促进和评价学生成长、发展的有效形式。我校每学年、每学期、每月都有不同的展示活动，无论是哪一层级的展示活动，学校都把学生的表现分为"展示前"和"展示中"两部分，分别由学生自己和教师进行评价。

"成长教育"实施以来,我校学生在能力与素养提升过程中,快乐地完成一个个航段的成长之旅,带着一个个新梦想,在知识与能力的海洋中扬帆远航,不断收获属于自己的多彩花季。"快乐航程、多彩花季"不仅是对学生成长过程的形象概括,也是学校教育教学工作的真实写照。

本篇作者简介

岳文成,原北京市第八十中学枣营分校校长,现任北京市芳草地国际学校富力分校校长,北京市中学历史特级教师。

以高品质教育擦亮学校金字招牌

北京市第九中学坐落于京西古道，是一所布局合理、设施先进的花园式学校，办学历史悠久、办学底蕴深厚。

它成立于 1946 年，1962 年与 1978 年两次被评为北京市重点中学，2002 年被评为高中示范校。

2010 年 5 月，北京九中教育集团成立，形成了从小学到高中的教育链，打破了学制壁垒，扩大了优质教育资源的覆盖面，逐渐形成优质教育的良性循环。同年 9 月，北京九中承办"内地新疆高中班"，设立新疆部，目前有 240 余名新疆学生就读，为民族学生教育和民族团结做出了应有的贡献。

一直以来，北京九中追求高品质的教育，关注学生的全面发展，尊重学生的个性发展，始终坚守教育本心，坚持社会主义办学方向，弘扬社会主义核心价值观，立德树人，取得了令人瞩目的成绩。

一、凝聚高品格的学校文化

学校文化是学校的灵魂。近年来，北京九中更加重视学校文化建设，坚持以学生为中心、以质量为中心、以课堂为中心，坚持德智体美劳"五育"并举，关注学生的全面发展。

学校以"全人教育"为指导，面向全体学生，提供丰富的课程资源，关注学生的发展基础，提供更多的成长渠道；全面发展，关注学生的核心素养，在文化基础、自主发展、社会参与等方面提供平台；尊重个性，突出特色，给更多的特长学生搭建成才通道。

学校以"砺身砺志，博爱博学"为校训，鼓励学生拥有健康的体魄和心理，拥有坚定的志向和意志，拥有博爱的情怀和胸襟，拥有渊博的学识和才能。

学校以"三声校园"为特色，倡导校园内充满书声——学生在校园里认真读书，学习知识；倡导校园内充满笑声——学生在校园里发展身心，锤炼品格；倡导校园内充满歌声——学生在校园里感受艺术，陶冶情操。

我们凝聚了北京九中精神：博学向上——肩负国家使命，做有抱负的人；博爱向善——承担社会责任，做有担当的人；博雅向美——追求人生幸福，做有品位的人。

深厚的历史积淀，形成了北京九中独有的文化特质：厚重不失现代的学校文化，宽松不失精细的管理文化，严谨不失人文的制度文化，奉献不失提升的教师文化，全面不失专长的学生文化，自主不失引领的课堂文化。

二、锻造高品位的育人品牌

近几年来，北京九中的知名度、美誉度和满意度稳步提升。学校注重德智体美劳全面发展，"五育"并举，多年来成绩斐然。学校在生涯教育、科技、体育、艺术等方面特色更为突出，高品质的特色教育促进了育人品牌的品位提升。

在生涯教育方面，我们注重面向未来的教育，关注学生的未来成长，注重学生的生涯规划，鼓励学生进行职业体验。学校每年组织部分学生走进中央电视台之类的知名单位，从中感受企业文化和时代责任。我们鼓励学生规划当下，牢记责任，不断追梦！

在德育方面，学校德育课程体系完整，核心价值观教育、学生社团活动、领导力培养、传统文化传承等方面成绩卓著，得到了社会各界的好评。

在智育方面，学校的高考质量不断提升，全校高考 600 分以上人数、总平均分等都取得了新的突破。我校中考高分段学生所占比例领先，单科成绩突出，整体水平已经稳居全区前列。九中学生的学习水平、学业成绩、学科竞赛能力广受赞誉。

在体育方面，北京九中不仅是全国体育传统项目学校、北京市奥林匹克教育示范学校，而且还是全国篮球示范学校、足球示范学校、冰雪运动项目示范学校。学校的高水平运动队屡屡斩获全国比赛金、银、铜牌，艺术体操队包揽全国及北京市同级别比赛金牌。足球、篮球、定向越野等体育项目在市、区级比赛中屡获佳绩。学校最先实现了学生"人人上冰"，在北京市中小学生冬季运动会上取得冰壶投壶比赛的冠亚军，为冬奥项目的普及做出了应有的贡献。

在美育方面，北京九中是全国学校艺术教育先进单位、全国十佳影响力艺术教育名校。学校金帆舞蹈团声名远播，多次参加国内展演、国际交流与外事活动，连续多年在北京市中小学生艺术节获金奖。2018 年，学校金帆舞蹈团在人民大会堂参加纪念改革开放四十周年专场演出；2019 年，金帆舞蹈团在天安门广场参加了新中国成立 70 周年联欢活动；2022 年，金帆舞蹈团参加了北京冬奥会的开幕式演出。在金帆舞蹈团的引领下，学校的艺术教育呈现蓬勃向上的态势，校园合唱团、校园集体舞、民族特色舞蹈，连续多年获北京市大奖。校园电视台、摄影社、京剧社、音乐社等艺术类社团活动百花齐放，呈现出一派欣欣向荣的局面。

在劳动教育方面，学校倡导的学生生活实践类作业，关注学生假期劳动意识的培养，树立劳动最光荣、劳动最崇高、劳动最伟大、劳动最美丽的观念，其经验已推广到全区所有的中小学。学校初中部每年组织的学农活动，学生都能得到劳动的深度体验和现代农业科技的鲜活教育；高中部注重创新劳动，学生在2018年第二届青少年创客奥斯卡比赛中斩获金、银、铜牌；在"登峰杯"全国中学生科技创新大赛机器人竞赛中获奖；学生自主设计的挂式书架获得国家知识产权局颁发的专利证书。

三、营造高品质的课堂场景

课堂作为学校教育的主渠道，起着不可替代的作用。课堂是学生学习的场所，教师要运用自己的智慧和创造力，把课堂变成生动活泼的学习乐园。而目前的课堂，考试导向过于明显，技能培养过于热衷。要改变现状，一定要营造立意有高度、思维有深度、活动有热度的新课堂。

课堂的立意有高度——课堂的立意，体现在教师的育人观、人才观、价值观上，体现在教师对学科本质和教材体系的全面深刻的理解。课堂上，我们更要关注学生的实际获得，更要培养学生尊重学习规律和科学规律的意识，更要关注学生的学习路径、学习体验和学习强度，让学生能在相对宽松和谐的氛围中自然地学习。

"大学之道，在明明德，在亲民，在止于至善。"课堂的更高立意，自然应着眼于人的发展，使学生明白做人的道理，养成反思的习惯，使其不断追求美好的事物。

课堂的思维有深度——课堂是师生双边甚至多边交流的场所，而思维的交流显然占据重要地位。在课堂上，教师不仅要培养学生良好的思维习惯和思维品质，而且要努力"呵护"不同思维激烈碰撞、新的思维不断生成的课堂生态，还要"刻意"营造一种充满不可控因素和不确定性的课堂，这样的课堂才是充满魅力的。只有这样，才能实现课堂思维的深度建构，培养勤于思考、善于思考、敢于思考的年轻一代。可以这么说，课堂上思维的深度，反映了教师的学术厚度。

"成功的教师之所以成功，是因为把课教活了。"课堂的思维有深度，才能让更多的学生达到"愤""悱"的状态，才能让课堂真正活起来。

课堂的活动有热度——学生是课堂的主人，课堂上显然要设计各种活动，体现学生的主体参与。学生参与活动的积极性、主动性，是评价课堂的重要指标。

课堂活动应如一首交响曲，时而如快板，学生在活跃的气氛中，迅速地进入教师精心设计的情境；时而如慢板，在教师的引导下，学生安静地思考，平和地沟通；时而如小步舞曲，学生激情地辩驳，智慧地答问；时而如终章，学生既惊叹别人见解的高明，又享受自己成功的喜悦。教师应如指挥家，调控着活动，使之或舒缓，或激越，或深沉，或高昂。这样课堂活动便有了力度，有了波澜，有了意境，有了激情，这便是课堂活动的热度。

学校品牌是学校的核心竞争力，传承和创新是学校品牌建设的重要途径。北京九中70多年的实践和积淀，汇聚成九中的金字招牌。我们的使命，就是不断传承，擦亮这个品牌；不断努力，推广这个品牌；不断创新，提升这个品牌。九中高品质的教育实践，就是我们书写的答卷。今日，我们努力奔跑；未来，我们更为期待。

本篇作者简介

林乐光，北京市第九中学校长，北京九中教育集团理事长。

以课程建设促进新优质学校建设

　　人大附中航天城学校是一所由海淀区教委建设、人大附中承办的区属公办学校，是人大附中联合学校总校的成员校。学校包括小学、初中、高中全学段（小学、初中为"九年一贯制"）。

　　一所优质学校，必然以一套优质课程为内核；建设一所优质学校，必然要建设一套优质课程。办学之初，人大附中航天城学校就确立了以课程建设促进新优质学校建设的路线，坚持不懈，笃行不怠。

一、建构优质课程

　　课程建构侧重学生学习内容的优化。主要从以下三方面展开：

（一）确立课程建设的目标

　　促进学校高质量育人体系的建构与实施，促进学生核心素养的全面形成和有个性地发展，促进教师专业发展，促进学校高质量特色化发展。

（二）搭建学校课程结构

　　经过探索，学校构建了"三三三"课程结构。三个"三"包含："三足鼎立"——以育人目标为轴心，融合学生发展需求，兼顾学科逻辑；"三个层级"——"启航—领航—自航"的课程进阶模式，引领各个学科课程体系的建构；"三大维度"——文化基础、自主发展、社会参与，每个层级都涉及这三大维度。其中，课程结构的轴心是学生核心素养。

（三）建构学科课程体系

　　如果将学校课程结构比作航天太空舱的"主舱"，那么学科课程体系便是与之对接的"分舱"。学科课程体系的建构，直接影响着学科育人的水平和质量。我校每个学科均构建了小初高一体化的"三航"课程体系。启航课程，主要指国家必修、限定性必选和校本化拓展课程，面向全体学生，重在夯实学生的共同基础，在必修课时段中实施，侧重于实现育人目标中的"全面发展、高尚品德"；领航课程主要指国家、校本选修课程，面向分层学生，重在发掘学生潜能；自航课程主要指社团、强基、竞赛、大学先修等荣誉课程，面向个体学生，重在发展学生个性。领航课程和自航课程在课后服务时段（选修课）中实施，侧重于实现育人目标中的"创新精神、实践能力"。

二、实施优质课程

课程建构侧重于学生学习方式的优化，以形成和提升学生学科核心素养。主要从以下三方面展开。

（一）更新知识观，实现教学层级的跃升

《普通高中课程标准（2017年版）》对教学的导向是学科的核心素养，而教师的教学习惯于从知识出发，难以与核心素养发生有效的关联，教学仍然止步于知识，无法超越知识进入"人"的精神世界，因而知识也就难以转化为素养。然而，知识是学校教育的"阿基米德支点"。所有教学都离不开知识，核心素养的教学也是如此，必须在知识教学中促进学科核心素养的形成。为解决这一问题，我引领教师学习现代知识论。

任何知识都具有不可分割的三个属性：一是符号属性，知识是人类认识世界的成果，主要包括知识用什么符号表征、具体内容是什么；二是逻辑属性，知识的逻辑形式是人们认识世界的方式，包括知识构成的逻辑过程和逻辑思维方式。没有逻辑形式的知识是不存在的；三是意义属性，任何知识都蕴含对人的思想、情感、价值观乃至整个精神世界启迪的普适性或"假定性的"意义，这使得学生通过知识习得建立价值观成为可能。通过学习，更新了教师的知识观。如何具体为教学？我们通过三个层级的要求予以落实：一是理解知识的三个属性；二是举例诠释，以学科知识为例来诠释这三个属性；三是教学升级。

为促进知识转化为素养，教师在课堂教学中要进行以下变革，即从只关注知识本身的解释性的教学变革为以下三个层面的逐步深入：一是学科活动从学科知识符号属性的"认知"层面开始；二是学科教学还要深入逻辑属性的"思维"层面，即知识产生和获得的方法、策略、路径、过程，从学科的角度说，就是学科思维、学科观念、学科思想、学科方法，要挖掘和领悟知识内在的思维方式，走进学科本质；三是学科教学更要升华到意义属性的"精神"层面，因为任何知识都蕴含对人的思想、情感、价值观乃至整个精神世界启迪的普适性或"假定性

的"意义，这使得学生通过知识习得建立价值观成为可能。

这样，促进学科知识成为核心素养形成的载体。

（二）推进大单元主题教学，形成学科核心素养

为整体发掘知识的三种属性，整体提升教学层级和整体实现学科认知功能、生活导向功能、情趣激发和审美涵养功能、思维和智慧启迪功能，整体揭示知识之间的内在关联。我们引导教师以核心素养作为大单元主题教学的具体目标，并对单元整体和有关的课时教学进行统整，帮助学生领悟学科观念和思维方法，逐步抵及学科本质。形成以下主要抓手和举措。

单元教学整体设计的抓手主要包括：（1）结合学科特点，按教材内容以学科大概念来组织单元；（2）按照学科业发展和学科核心素养发展的进阶来组织单元；（3）按照真实情境下的学习任务用跨学科的方式来组织单元等。

单元主题凝练的抓手主要包括三方面要求：（1）依据——主要包括"新课标"、学科核心素养、结构内容及学情实际；（2）要求——体现核心素养导向、激发学习兴趣，促进深度学习；（3）步骤——通过分析课程标准、分析核心内容、分析学情等，确定单元主题。

落实单元整体教学新常规的抓手是制定了单元整体教学实施细则。主要包括：（1）单元学习主题；（2）单元教学设计说明；（3）单元学习目标与重点难点；（4）单元整体教学思路。教学实践表明，单元教学设计说明是难点。其具体要求是对本单元知识的符号、逻辑及意义属性进行分析，简述本单元学习对学生学科素养发展的价值，简要说明教学设计与实践的理论基础。

优化单元学习内容的主要抓手主要包括：（1）选择——以学科核心素养为导向选择教学内容；（2）组织——按教材内容、学科核心素养进阶或真实情境下的任务，以学科大概念、学习主题组织教学内容；（3）呈现——以单元主题呈现，注重层次性、多样性及螺旋式的呈现方式。

促进学科活动深度化。在大单元整体教学下，要促进每节课教学的深度变革，着力提升每节课的教学质量，其关键在于学科活动的深度化。学科教学的本质是学科活动，包括教师教的活动和学生学的活动。其中，学的活动是根本。完整的学科活动应包括认识活动（动脑，理性）和实践活动（动手，感性）。学科教学过程即学科活动过程。设计学科活动的抓手是实践性、思维性、自主性、教育性等，形成注重情境问题、突显学科本质、聚焦核心概念的策略，以选择、组织、呈现为抓手优化教学内容，以运用、综合、创新为抓手改进作业方式。为

此，学校制定课堂教学设计的框架及实施细则，主要包括：（1）指导思想与理论基础；（2）教材分析；（3）学习者分析；（4）学习目标；（5）学习评价；（6）教学过程；（7）板书设计；（8）作业设计；（9）特色学习资源、技术手段应用说明；（10）教学反思与改进。

这样，促进学科学习活动真正成为核心素养形成的路径。

（三）注重三种"联结"，提升学科核心素养

教学实践中，我们发现核心素养在课堂教学中难以形成，其原因表现为"三个割裂"，即知识与知识的割裂、知识与生活的割裂和知识与自我的割裂。为此，素养导向的教学要注重建立三种"联结"。

针对知识间的割裂，基于核心素养的整体性，强调核心素养统领的知识联结与整合。教学注重实现内容的进阶整合，在课程教学设计上开展大单元设计，强调借由大观念（大概念）、大任务、大问题等强化知识间的联结与整合。

针对知识与生活的割裂，基于核心素养的情境性，强调知行合一，注重学用结合。"新课标"提出"变革育人方式，突出实践"的基本原则，倡导探索学科典型的学习方式，以学科实践作为学习方式变革的新方向。学科实践即"像学科专家一样思考与行动"，是指在教学情境中，运用该学科的概念、思想与工具，整合心理过程与操控技能，解决真实情境中的问题的一套典型做法。因此，学校引导教师在教学实践中注重知行合一，学用结合，用以致学，有效促进知识与生活间的"联结"。

针对知识与自我的割裂，基于核心素养的情境性，强调学思结合，建构学习反思支架。相较于外在的联结性，如何在知识与自我间建立起内在"联结"则更为关键。学校引导教师教学着重开发学后反思的支架功能，通过设计包括"复述""关联"和"转化"三个功能在内的进阶的、形式丰富的反思路径，帮助学生管理自己的学习，反思所学，不仅在新旧知识、知识与生活之间建立"联结"，而且能够通过反思建立起知识与自我之间的"联结"，在知识学习中形成自己的情感、态度与价值观。

三、课程建构与实施的基本策略

（一）课程建构的基本策略

一是明晰学校的育人目标。学校育人目标是将党的教育方针在学校具体化的

诠释，是学校落实立德树人根本任务、全面推进课程建构的原点和归宿。

二是明确课程建构的"四方责任"。在课程建构中，明确学校的责任是落实国家课程方案，建构多元化、可生长的课程结构；教研组的责任是群雄逐鹿，百舸争流，建构特色化的学科课程体系；教师的责任是开发课程建设案例（课程模块），打磨精品课例；学生的责任是选择适合自己的课程，对选择负责，让选择突显价值。

三是鼓励先进，允许暂时落后。更重要的是，善于将先进的个体或共同体的经验加工转化为学校全体教师的教学实践知识和实践策略，揭示教学规律。

四是发挥制度的约束功能和文化的激励功能。在课程建设过程中，既注重制度重建，发挥其约束功能；又重视文化自觉，发挥其激励功能。

（二）课程实施的基本策略

建构"三航课堂"制度——"启航课堂"，有面向新教师的达标课，重在课堂教学合乎规范；"领航课程"是针对骨干教师开设的研究课，重在揭示课堂教学规律；"自航课堂"则是名师示范课，重在展示他们独树一帜的教学思想与风格。

发挥优秀课例的引领作用——优秀课例至少有四个方面的价值：以例说"事"，通过课例讲述课堂中的教学故事；以例说"法"，通过课例阐述课堂教学方法和策略；以例说"理"，通过课例阐述课堂教学原理和规律；以例说"人"，通过课例阐述课堂教学如何发挥学科独特的育人功能，促进人的全面而有个性的发展。而优秀课例要靠教师个体在自身的教学实践中，用心用力去思考、凝练、提取，靠备课组对教师的优秀课例进行概括、总结和提升，靠教研组和学校用理论框架反思教师的经验，并将优秀课例加工成学校组织学习的素材。

把握绿色课堂的基本原理——"情意原理"，是让学生在迫切要求下学习；"序进原理"，是按照知识发展的逻辑线索组织好课堂教学的层次和结构；"活动原理"，是精心组织各类发挥学生自主性的深度学习活动；"反馈原理"，是运用反馈调节促进学生的心理和行为向预期目标发展。

引导教师转变角色——教师的角色，要从课堂的"控制者"转变为"引领者"，最终致力成为"隐身者"。"隐身"以后，教师要把功夫花在提高自身设计学生深度学习活动的能力上，花在提高基于学科核心素养的教、学、评一致性的设计、实施、评价及矫正的能力上。

引导教师"顶天立地"——"顶天"的，该是教学理念；"立地"的，应为教学基本功。我们引导教师将教学基本功这一"软件"练成"硬件"。只有滴水穿石、久久为功，教师们才能真正做到"顶天立地"。

在课程改革进入深水区的今天，在"双减"形势下，人大附中航天城学校将进一步加强课程建设，为学生提供更优质的课程服务，促进学生全面而有个性地发展。

---- **本篇作者简介** ----

周建华，人大附中联合学校总校常务副校长，人大附中航天城学校校长，中学数学特级教师。

以"四个一"为抓手　提高立德树人水平

北京市朝阳区垂杨柳中心小学持续开展"更新育人理念、提升育人本领"为主题的"四个一"师德专项活动，通过抓好"学习—排查—警示—表彰"四个环节，切实提高教师的认识和站位，强化教师队伍建设，提高立德树人水平。

一、每学年开展一次大学习，在学习中明标准

"学高为师，身正为范。"培养优秀教师，是全面贯彻党的教育方针，落实立德树人根本任务，培养德智体美劳全面发展的社会主义建设者和接班人，办人民满意的教育的根本保障。为引导教师自觉肩负起党和国家赋予的时代使命，规范自身言行，用高尚师德引领学生发展，每年 7 月至 9 月，我校都会开展全校性的师德大学习活动。我校利用暑期，系统安排阅读自学、专家带学和领导范学三种形式的学习培训，以促进教师对师德建设标准和要求的再认识、再提高、再对标。

阅读自学——学校为教师备好暑期自学材料，包括：教育部《新时代师德规范》、北京市《新时代北京市中小学教师职业行为十项准则》等多种资料。我们会针对不同群体设计导学问题。比如：朝阳区教育系统师德专项工作会通报的教育警示案例，引发你怎样的思考？在日常工作中如何履行好教师职业行为的十项准则？在实施教育惩戒时如何掌握好分寸、把握好尺度，最大化地辅助教育工作？我们还面向干部教师征集师德书法作品、朗读作品、师德宣讲微课，引导教师有效自学。

专家带学——为了让暑期大学习深刻、有效，入脑入心，我校在教师自学的基础上再由专家带学。例如：邀请校外心理专家围绕"积极心理"对教师进行指导带学，通过心理上的支持和方法指导，使教师掌握控制情绪、调整心态的方法，避免出现言行失当的情况；以"赓续杨柳育人文化、谱写杨柳育人华章"为主题，请本校名师代表分享自己践行学校育人理念，立德、立言、立行的实践经验；学校请市委党校专家讲国内外形势，加深对"培养什么人、怎样培养人、为谁培养人"的理解；请北师大、首师大、北京教育学院、北京教科院的专家学

者，围绕"优秀传统文化浸润""素养导向的新课标""新时代教师法治素养""大思政视域下的家校社协同育人""儿童哲学导向下的师生交往"等主题导读带学，引发教师对教育的思考。

领导范学——学校党总支书记、党支部书记，结合"书记讲党课"，每年暑期必讲师德。结合"四有好教师""四个引路人"的标准，以及在学校思想政治理论课教师座谈会上提出的"六要"，引导干部教师从党和国家事业发展全局出发，努力培养担当民族复兴大任的时代新人。引导教师对学校思政课程、思政活动等一系列改革举措进行深刻理解和自觉参与。校长则结合学校学年工作总结、学年考核、督导反馈、新学年计划等对学校师德工作进行专题分析部署，不断强化为人师表、立德树人的行为规范与基本标准。

二、每学期组织一次大排查，在排查中找差距

依据教育部《新时代师德规范》、北京市《新时代北京市中小学教师职业行为十项准则》等文件的相关要求，结合本校教育教学实际情况，我校设计了包含29条细则的师德自查清单，通过"排查"防微杜渐，引导教师自我检视问题、严格规范育人行为。

发挥过程性考核作用，每学期结合学生和家长问卷，教师要对自己做出师德自评。除此之外，年级组长和学科组长要对本组内教师的思想政治表现、敬业爱岗履职、教学能力、教育能力和教育科研能力提升等做出综合分析研判，特别是结合本学期教育教学、家校沟通过程中发生的典型事例，评估本组教师的身体和心理的和谐发展水平。促使每一个教师在良好的体质、充沛的精力、坚韧的耐受力之下承担起繁重的教育教学任务。以"阳光"之教师，培育"阳光"之学子。

学校每学期召开师德专题分析会，听取各校址负责人、教育教学干部聚焦师德表现，结合年级和学科组长的汇报，分析本组教师的情况，提出自己对存在问题隐患的研判。校区领导班子每年要向党总支提交年度师德分析报告，经过持续不断的努力，学校的社会认可度、美誉度显著提高。

三、每学期安排一次大讨论，在讨论中受警示

大讨论活动前，学校都会安排一次面向全体干部教师的师德警示教育。每次师德警示教育，学校党总支书记、校长都是认真备课、默契配合，为全校干部、教师呈现一节深刻的、有意义的师德专题课。书记通过列举、分析校内外的师德警示案例，引导教师成为一个有信念、有操守、有见地、有灵魂、有光热的生命体。校长则通过问题，厘清学校育人工作的逻辑，引导教师树立正确育人观，努

力成为一名专业、温暖的新时代教育者。

真理越辩越明，思想越辩越清。只有大家形成价值共识，一起向前走，才能走得远。学校建设、师德建设都是如此。结合每学期的警示教育，提出不同的讨论主题，例如，"如何理解学校的办学理念和培养目标？""如何落实素养导向的新课标？""如何对学生进行正确地评价？""如何把学生放在教育的正中央？"。围绕这些不同的主题，干部层面的讨论主要在于反思管理中存在的问题，明确学校师德师风建设的策略方法。教师层面的讨论则在于促进其更新育人理念，提升育人本领。

四、每学年举办一次表彰大会，在表彰中树榜样

一年一度的"阳光教师"表彰活动，是我校师德建设的重要环节，"阳光教师"称号是我校对各类师德标兵的最高褒奖。在他们当中，有提出"全接纳慢引导"教育理念的全国优秀班主任郑丹娜；有倡导"打通教育任督二脉"，走进学生心灵，携手家校共育的北京市先进工作者宋为；有实践"人人享有的美育"，带领学科组申办"金帆书画院"的美术组组长王秀梅；有在自闭症儿童的教育过程中，不辞辛苦，用大爱使特殊教育获得成功的"紫禁杯"优秀班主任谭雪梅；有被称为"包治百病"的骨干班主任祁雪林；还有为完成学校急、难、险、重、任务无私奉献的众多教师。我校获得"阳光教师"荣誉称号的教师已经超过教师人数的60%，他们用自己的实际行动诠释了"健康、向上、担当"的生命样态。

每一位"阳光教师"都是大家身边的师德榜样，一个个生动感人的师德故事将永远载入学校史册，激励全体干部教师，积极学榜样，争先做榜样。

教师强，则教育强。2022年9月8日，北京市领导来我校调研工作并看望慰问教师时，充分肯定我校在队伍建设和"五育"并举落实素质教育上取得的成绩，鼓励大家为学生"扣好人生第一粒扣子"，办百姓家门口的好学校。

我校的"四个一"师德建设活动，持续推动教师不断加强理论学习，丰盈自我；不断研习育人方法，更新自我；不断走进学生心灵，美丽自我。大家通过"四个一"发出触动心灵的自强之声、智慧之声、和谐之声，持续更新育人理念，提升育人本领。

本篇作者简介

钟亚利，原北京市朝阳区垂杨柳中心小学校长，北京市特级教师，特级校长。

充分发挥学校育人主阵地作用，全面提升教育教学质量

"双减"工作开展以来，旧宫中学逐步清晰明了"双减"工作的方向和意义，进一步发挥学校育人主渠道作用，加大改革力度，让"双减"落地有路、有径、有法、有度，切实提质增效，促进学生全面发展。

一、强化"双减"认识，构建文化体系

（一）加强政策理论学习，切实提高认识

"双减"工作是社会关注、百姓关切的民生工程，是关系到"为谁培养人，培养什么人，怎样培养人"的重要问题，是建设高质量教育体系、促进学生全面而有个性发展的重大举措。学校组织干部、教研组长和全校教师深入学习各级文件精神，提高认识，转变观念，反思既有经验、存在问题、发展空间，从而更有针对性地完善学校工作方案，细化分工，责任到人，并通过多种方式向家长宣传"双减"精神，统一思想，协同发力。

（二）构建"双减"文化体系，适应教育改革新要求

积极构建适应"双减"工作的学校文化体系，转变师生观念，营造工作氛围。建立"双减"工作话语体系，打造与之相适应的教师文化和学生文化。重新审视学校办学思想、办学理念，树立新背景下的学生观、教育观、质量观，重新修订学校校章及各项制度，与改革新要求相适应。

（三）打造优质教师队伍，涵养教书育人情怀

"双减"工作中，思想是先导，教师是关键。我们要把"双减"理念内化为自觉行动，遵循面向全体、正视差异、因材施教、整体育人的原则，建设一支师德高、理念新、治学严谨的教师队伍，发挥教师在"减负提质"工作中的关键作用。

二、规范教学工作，变革教学方式

（一）深入研究课程标准，高质量实施国家课程

深入贯彻新课改理念，研读课程标准、研究教材，开齐开足课程，规范作息

时间，规范教学计划，围绕学科核心素养和学业质量标准开展教学，细化内容要求。

（二）加强"三规"建设，深入开展主题教研工作

进一步落实"以学为主，为学服务"理念，在教学管理常规、课堂教学常规和学生学习常规三个方面统一标准，尤其关注培养学生良好学习习惯，提高自主学习能力。我校深入开展主题教研活动，以"立足常规，向学而教"为校本教研主题，通过优秀课展示、优秀作业设计、教学反思征集、原创教学设计评选、教学论坛开展等改进提升研修品质。积极参加大兴区中学学科基地校评选，推进学科特色建设。

（三）优化教与学方式，努力构建生态课堂

落实"双减"工作最重要的是让学生回归课堂，充分发挥学生的主体作用，充分尊重学生的需求与个性，打造吸引学生的课堂和全员参与的课堂。我校积极开展"为学习而施教"的生态课堂教学实践，落实以学生为中心的理念，组织"每人一节公开课"等不同形式的活动，并积极参加大兴区中学教师教学能力培训与展示活动，提升教师专业素养。

（四）精准布置作业，实现减负增效

深入落实各级文件要求，在作业布置上，精心选择作业内容、精准针对不同学生、精确校正课堂教学、精细反馈作业情况、切实做好检查落实。坚持全批全改，加强答疑辅导。为加强学校统筹，我校通过每日上交作业统计表、定期集中检查和优秀作业展览等多种形式，多管齐下，精简数量，提升质量。并将作业设计纳入校本教研，开展主题作业研究，设计探究性、实践性作业，引领学生走向社会、深入生活。

三、发挥德育途径作用，突出德育价值

在"双减"背景下，开展德育与教学的一体化建设，依托六条德育途径发挥德育功能，重点落实课程育人、活动育人和协同育人，挖掘育人价值。

（一）突出课程育人，发挥主体地位

充分发挥课堂教学主渠道作用，将德育目标细化落实到各学科的教学目标中，融入教育教学全过程。突出思想政治课和班会课的德育价值，同时发挥其他课程的德育功能，坚持正确的政治方向，培育客观理性的科学精神，唤起坚定自觉的文化自信。

（二）开展丰富活动，塑造健全人格

开展丰富多彩的德育活动，以节日活动、主题教育活动、仪式教育活动、团队活动和各种校园节活动为载体，厚植学生的爱国情怀、责任担当，培养兴趣特长，提高自主管理能力，突出实际获得。通过组织参加大兴区中学生时事辩论赛和诗词大赛等活动，开拓学生视野，提升综合素质。

（三）落实"家校社"协同，搭建育人联盟

在"双减"工作中，积极发挥"家校社"协同的作用，通过开展多种形式的家长讲堂宣传"双减"精神，发挥家长委员会参与、引领的作用，有计划地开展入户家访工作，开展家庭教育指导和咨询，并利用学校周边德育资源开展教育工作，形成协同育人合力。

四、优化课后服务，注重"五育"融合

（一）提高教师课后辅导能力

在课后学科辅导工作中发挥优秀教师的作用，面向全体、紧扣课程标准、针对学情、精准辅导，采取学生学业成绩承包制，根据学生实际需求进行分层辅导，实现"堂堂清、日日清、周周清、月月清"，在答疑辅导工作中提升因材施教的能力，落实巩固提高的实效。

（二）开设丰富多彩的校本课程

在课后服务工作中积极落实"五育"并举，我校依托多元幸福课程建设成果，为学生提供多样化的成长路径和成长方式，完善并创新科技课程、身心健康课程、艺术课程、劳动教育课程，深入探索语文阅读、英语听说、中华优秀传统文化、理化生创新实验等校本课程，促进学生全面发展，个性成长。

（三）坚持健康第一，落实每天锻炼一小时目标

贯彻落实国家《关于全面加强和改进新时代学校体育工作的意见》要求，把增强学生体质健康水平作为课后服务工作的重要目标。我校在课后服务中通过球类、啦啦操、武术、跆拳道等体育社团活动满足每天一小时体育锻炼，培养学生体育技能，举办体育节为学有所长的学生搭建展示平台。

（四）积极落实"五项管理"，促进学生健康成长

深刻认识"五项管理"是"小切口、大改革"的重要举措，制订本校"五项管理"工作方案，加强科学睡眠宣传，组织多种读书活动，营造良好阅读氛围，培养良好读书习惯。通过各种形式发挥联动合力。

五、坚持评价导向，引领校内提质

（一）落实过程性评价，加强"一库一制度"建设

围绕《义务教育质量评价指南》开展评价工作，以综合素质评价平台为抓手，突出评价导向，落实过程性评价。不断完善学生学业水平数据库，完善各班、各学科成绩分析制度，注重对学生增量评价和学业水平监测，注重基于分析基础上的工作改进，促进"备、教、考、评"相统一。

（二）深化养成教育成果，发挥榜样引领作用

深入落实大兴区"中学生十大习惯培养"工程，规范学生行为习惯。开展"学生之星"选树活动，制订标准，规范程序，加强宣传，通过树立典型、表彰先进、展示风采，发挥正向引领作用，提升核心素养。

（三）完善教师评价体系，增强教师的职业幸福感

完善教师评价体系，健全岗位聘任、职称评定和绩效工资分配制度，细化落实教育教学成果评价。我校通过开展师德建设培育优秀教师、优秀共产党员、优秀班主任和"春华杯""秋实杯""桃李杯""幸福杯"等评选活动，强化教师专业发展评价，选树优秀教师榜样，提升全校教师的职业幸福感。

总之，"双减"工作开展的坚定决心，让我们可以欣喜地预见未来教育的模样。"双减"工作关键在校内，出路在改革，真正考验的是校长、教师。我们要积极坚持首善标准，构建良好教育生态，乘着教育改革的东风，开启新征程，再创新佳绩！

本篇作者简介

高岩，北京市大兴区旧宫中学校长，北京市优秀教师，大兴区中学语文学科带头人。

固本培元　守望成长

　　北京市第十九中学作为海淀区的一所百年老校，见证并参与了海淀教育发展的历史进程。在学校百年校庆之后，我担任北京十九中第十一任校长，如何谱写百年老校的教育新篇章是我要深刻思考的问题。百年培元的"寻真求实"精神既是行动追求，也是文化底蕴。学校教育的本真就是教书育人，坚信固本培元，尊重教育规律，因材施教培育学生成长，促进教师专业发展与成长，才能实现学校教育发展的新蓝图。

一、文化底蕴涵养育人情怀

　　今天的培元精神，鼓舞着我们尊重教育规律，尊重学生成长规律，尊重时代发展的客观要求，这既是建校百年来的教育坚守，也是教育发展守正创新的不懈追求。

　　"为孩子的幸福人生奠基"是学校的办学理念，因为教育是面向全体的培养，讲究因材施教，更讲究因势利导。每个孩子都有自己的成长时空，面向全体也是面向每一个。培育"学会做人、学会学习、学会生活、学会健体、学会审美、学会创新"掌握一两门特长并具有国际眼光的全面成长的中学生（概括为"六会一特长"与国际眼光）是我们的育人目标，培养一大批身心健康、全面发展、学有所长、奋发向上的人才，彰显学校"五育"并举的教育理念。

　　北京十九中的办学理念、育人目标和"培元精神"是一脉相承的。固本培元是我国古老的哲学思想。在学校教育中开发每一个孩子的多元智能，提升他们的思想境界和道德修养，实现为党育才、为国育人的教育目标。

二、审时度势构建教育集团

　　改革现有教学制度，建立多元化办学体制，是教育改革的一项重要任务。北京十九中决定在教学制度上改革创新，确立了"幼小初高一体化"的教学制度发展方向，致力于打造幼儿园、小学、初中、高中一体化的教育体系。

2021 年，在北京十九中建校 105 周年之际，在海淀区委区政府和教育两委的鼎力支持下，北京十九中附属实验小学顺利招生，实现了幼小初高一体化的办学模式。再次在现有办学基础上，增办幼儿园与小学，一校三址，形成幼儿园、小学、初中、高中一体化的办学模式。

教育集团的建构，不仅是为解决海淀区学位紧张而承担的社会责任，更是让我们探究学生成长的教育规律，是对一体化培养项目的重要探索，也是突破学校特色发展瓶颈的绝佳方式。"幼小初高一体"教育体制，是北京十九中对学校现有资源的优化整合和布局调整，更进一步地为学生的一贯式培养提供了更加优质的成长环境。学校一体化培养还能有效保证升学途径的通畅性，减轻学生和家长的压力与负担，避免择校困难，同时也能有效保证生源的稳定性。在人才引进、教师培养方面，"一体化"教学制度意味着更广泛、更严苛的教师需求，需要广泛纳贤、引进不同层次的教育人才，充分保证任课教师能够了解各年龄阶段的学生特征及成长规律。一贯式培养环境下的教师合作，可以更加充分地发挥学段教师的作用与优势，营造出一种兼容并包、百花齐放的育人大环境。

三、力学笃行，"五育"并举显特色

（一）构建"培元"课程，实现育人目标

"培元"课程体系以积极心理培养和多元智能开发为理论基础，以育人目标为出发点，分为三级：基础性课程、拓展性课程和创新性课程。基础性课程既是学生学习知识和培养能力的基础，也是落实学生核心素养的基础。通过学科教学的实施培育学科核心素养，为学生的多元发展打下坚实基础。拓展性课程是指为达到育人目标及满足学生个性化发展需求而开设的课程。创新性课程是指为学生的创新发展提供的实践课程，倡导理论学习与实践研究融会贯通起来。

学校的课程建设还着眼于学生的真实发展需求。以"鼓励先进、脚踏实地、兼听则明"为原则，以高中各学科课程标准为大纲，以大学专业大类的典型学习方式为探索方向，整合各方面资源，努力开发"强基"课程。在数学、物理、化学、生物等学科开展探索实践。

依据学生学业发展水平和个性特征，对学生进行选科指导。通过开展生涯规划、社会领航课程实现学科育人、实现学生全面而有个性地发展。同时学校开展丰富多彩的社会实践活动课程，开设高质量的研学、游学实践课程，为学生提供丰富的活动与实践机会，拓宽展现他们才华和个性的空间。根据学生发展的阶段特点，遵循教育规律，结合家庭教育和社会教育，开展多种形式的主题教育活

动，发展他们的社会责任感，促进学生全面发展。

（二）优秀社团引领学生多元发展

我校拥有"三金两银一院"和北京市"艺术教育示范学校""中小学艺术教育特色学校"的优势，社团活动和各级各类比赛多样，满足了学生自主发展的需求，形成了"三位一体"的学生培养范式，既关注学生的文化课知识学习，也关注学生的专业技能发展，更重视学生的思想品德培养。通过"三位一体"的学生培养实践，切实将学生的兴趣爱好转化为学生能力与素质的提升。学校的优秀社团是课堂教学的延伸和补充，为孩子们提供了施展才华的机会，促进学生全面充分地发展，彰显"4C"育人价值，注重对学生合作（cooperation）、勇气（courage）、专注（concentration）、自信（confidence）四种能力的培养。

在市、区两级教委的支持下，大中小学校联动，用科研课题引领社团创新发展。2017年，我校学生开始去北京邮电大学参与量子成像前沿课题研究；金帆书画院窦俊飞同学考入清华美院，王亚萌同学、于润慈同学考入中央美院……学生们的成长彰显了社团的特色优势，也使得艺术教育从课堂延伸到课外，从"一品"发展到"多品"，由少数辐射到全员，构建着适合自身发展的、有特色的艺术体系。

（三）积极心理健康教育协同推进"家校社"一体化教育

教育是心灵的沟通与交流，更是一种思想、情怀的交流。我校构建了"四体系"和"五平台"的积极心理健康教育格局，从非毕业年级每周一节的心理课程到毕业年级的团体心理辅导，从学生家长的个性化心理咨询与辅导，走向学生生涯发展规划指导，等等，培养学生专注、自信、合作等积极心理品质。特别是学生生涯发展规划指导通过每月邀请知名专家、学者、教授等走进学校，为学生讲解大学专业、社会职业等内容，学生更多地了解大学的专业情况、职业发展趋势和社会的需求。

同时，围绕各年级家长关注的问题，学校心理中心办好"积极心理家长学校"。开展家长讲座、主题沙龙或工作坊，提升家长教育理念，给予家长教育方法的指导。建立健全家庭教育工作机制，统筹家长委员会、家长学校、家长会、家访、家长开放日等各种家校沟通渠道，促进家长了解学校的办学理念、教育教学改进措施，帮助家长提高家教水平。

四、好老师成就好未来

2021年，"双减"政策出台，推动教育回归学校主体地位，"双新"（新课

程、新教材）引领高中深度学习，这些都是促进学校内涵发展的有力政策保障，也是学校提升办学品质的契机。学校发展的关键在于优秀的教师队伍。我校"十四五"规划的重点工程之一是构建教师专业成长共同体，概括为"1231"工程。

"一个目标"是推动教师队伍高质量一体化发展，要在"十四五"规划期间培养出有影响力的北京市正高级教师或特级教师并达到学校专任教师的35%。

"两个层次"分别是青年教师的精准提升项目和中青年骨干教师的精准培优项目。

"三种途径"即以课堂教学为主渠道、主阵地，团队项目式教研以及科研引领教师专业发展。

"一个课题"是2019年我申请了区级校长委托课题"运用批判性思维促进教师专业成长的实践研究"，并设立了10万元的科研奖励基金，带动20余项科研课题的研究，带领教师在教学实践中快速成长。

回顾在北京十九中的工作，每一件事情都凝聚着自己的心血，每一项工作都鼓舞着自己去奋进，这些也犹如一堂堂课，考验着学的水平和教的能力，这个课堂也成为自我成长的场域。唯有充实的课堂，才能迸发出生命的张力与激情，才能领悟出大道至简，方能行稳致远。如今的北京十九中集团化发展格局已经构建，唯有追求教育的育人为本，在师生成长上下功夫，在办学品质提升上下功夫，才能谱写百年老校的新篇章。

───── 本篇作者简介 ─────

高新桥，北京市第十九中学校长，北京市学习科学学会常务理事及心理专委会主任委员，首都师范大数学系数学与应用数学（师范）专业客座教授，海淀区高中专家指导组成员。

中华优秀传统文化视域下，中小幼社会主义核心价值观一体化培育课程的实施

中华优秀传统文化是社会主义核心价值观的思想源泉，社会主义核心价值观是对中华优秀传统文化的继承和升华。北京师范大学亚太实验学校作为西城区唯一一所拥有从学前、小学、初中到高中教育的 15 年贯通培养学校。学校以科研课题为依托，以课程实践为重点，深入开展中华优秀传统文化视域下中小幼社会主义核心价值观一体化培育。经过近三年的实践探索，学校积累了丰富的经验和成果。

一、基本概念和理解

中华优秀传统文化视域下的中小幼社会主义核心价值观一体化培育，是指为实现核心价值观培育的统一目标，在中小幼各个发展阶段，对学生的社会主义核心价值观培育进行整体规划，一以贯之。在教育教学活动的组织和管理上，注重连续性和协同性，注重相互之间的渗透性和衔接性。

学前教育及小学低年级以培育学生对中华优秀传统文化的亲切感为重点，开展启蒙教育，培养学生对中华优秀传统文化的热爱。

小学高年级以提高学生对中华优秀传统文化的感受力为重点，开展认知教育，了解中华优秀传统文化的丰富多彩，了解中华民族历代仁人志士为国家富强、民族团结做出的贡献和牺牲。

初中阶段以增强学生对中华优秀传统文化的理解力为重点，提高学生对中华优秀传统文化的认同感，引导学生认识我国统一多民族国家的基本国情。

高中阶段以增强学生对中华优秀传统文化的理性认识为重点，引导学生感悟中华优秀传统文化的精神内涵，增强学生对中华优秀传统文化的自信心。

二、一体化培育实施的基本原则

（一）整体设计，有机协同

我校贯通中小幼各学段，统筹各学科、各领域，结合各学科具体主题、单

元、模块等，基于中华优秀传统文化、社会主义核心价值观和学科的内在联系，融入相应的中华优秀传统文化思想、内容、资源和载体形式，使中华优秀传统文化视域下的社会主义核心价值观教育贯串始终，形成纵向有机贯通衔接、横向综合协同配合的教育格局。

（二）立足课程，有机融入

将中华优秀传统文化融入社会主义核心价值观教育，课程建设是根本，课堂教学是主渠道、主阵地。教师要充分发挥课堂育人的主导作用，以传统文化资源（包括中华人文精神、中华传统美德的各种载体）为起始点、融入点和支撑点，以社会主义核心价值观为落地点，进行体现培根铸魂、启智润心的德育和学科课程的设计与实施，切实落实相关基本知识、关键能力、必备品质和正确价值观的学习与培养。

（三）转化发展，学以致用

中华优秀传统文化与社会主义核心价值观在根本精神上具有内在统一性，但两者并不是完全统一的，要处理好继承和创造性发展的问题，重点做好创造性转化和创新性发展。将中华优秀传统文化融入社会主义核心价值观教育，要坚持古为今用、学以致用的原则。学习中华优秀传统文化的根本目的是要能够学以修身，还要能够学以济世，要把中华传统文化的优秀精神和传统美德贯彻到日常生活中、落实到一言一行中。

三、一体化培育实施的基本途径和策略

（一）研读课程标准，充分挖掘课程资源，在学科教学中有机融入和贯通培育

2021年，教育部印发《中华优秀传统文化进中小学课程教材指南》（以下简称"指南"），对中华优秀传统文化进中小学课程教材的基本原则、总体目标、主要内容、载体形式、学段和学科要求等，做了统筹设计和科学安排，强调素养导向、系统规划和全科覆盖。

我校采取以下方式，深入贯彻落实"指南"精神。

纵向上，以学科教研组为单位，分学科将教材中涉及中华优秀传统文化的相关内容进行统计分类，对课程标准中落实传统文化教学的要求也进行分析对照，让每一位教师了解本学科中华优秀传统文化及社会主义核心价值观的切入点和重点，从而确定自己教学的内容和方向。

横向上，采用课堂教学同课异构的方式，在充分开发各门课程所蕴含的社会

主义核心价值观的内容的基础上，探索同一主题下不同学科融入的新的教学模式，让学生在不同课程的学习中都能感受到社会主义核心价值观的巨大影响。

第一，教师要相互学习，不断提高思想认识和实施水平。要树立学科思政理念，练就让价值观教育落地生根的本领。

第二，教师要把中华优秀传统文化视域下社会主义核心价值观教育有机融入学科教学的目标设计、内容选择、活动过程和评价体系之中。目标设计要依据课程标准、依据学生现有经验，适宜且具有针对性；教学内容的选择要与教学目标一致，符合学科逻辑；教学活动要具有情境性和连贯性，充分体现学生的主体性和实际获得；要把"教一学一评"融为一体，通过评价促进学生价值观的培育和发展。

（二）合理补充教学资源，拓展经典阅读，在人文素养培育中开展价值观教育

我校定期开展中华诗词诵读比赛、书法比赛、汉字听写大赛、礼仪教育、传统美德故事会等，这不仅可以丰富学生的校园生活，还可以拓展经典人文教育，在践行社会主义核心价值观的同时，将中华优秀传统文化传承下去。

以经典著作为依托，梳理有关社会主义核心价值观的经典案例和具体内容，结合案例和内容针对学前、小学低年级、小学中高年级、初中及高中不同学段提出相应的教育教学建议，指导教师如何以中华优秀传统文化为重要载体，在中小幼开展日常化的社会主义核心价值观教育，创设社会主义核心价值观生活化教育"新"范式，推动社会主义核心价值观教育的具体化、形象化、生活化，使社会主义核心价值观贯串学校教育全过程。

通过梳理经典著作，我们发现，适合小学低年级学生阅读的《千字文》、适合小学中高年级学生阅读的《名贤集》和适合初中及高中学生阅读的《左传》《孟子》等著作中，都有涉及"民主"价值观的案例。

在小学中高年级，可以让学生课余时间或者在阅读课上阅读与民主相关的故事书或儿童读物，撰写读后感；课上以讲故事的形式互相分享或者进行经典案例表演，加深对民主的认识和理解。在初中阶段，让学生了解民主经典案例中蕴含的精髓，理解民主与法治、民主与权利、民主与规则之间的辩证关系；能够结合生活实际，学会合理利用互联网参与学校公共生活，践行社会主义核心价值观。在高中阶段，引导学生积极观察或参与学校、家庭或社区生活中的民主活动；学校建立学代会，让学生通过组织积极参与学校的民主管理；组织学生小组协作，收集列举相关价值观案例并进行实践探究，或组织模拟政协，让学生在践行案例精神中体验"民主"这一核心价值观。

（三）整合传统文化资源，积极开展多主题活动，在实践育人中落实价值观教育

中华优秀传统文化不仅记载在浩繁的典籍之中，而且蕴含于习俗、工艺、美术之中。学校应该注重结合本校、本地的历史文化特色和自然地理特点，在校园里营造具有传统文化特色的自然和人文景观，开展大量有关传统技艺的活动，如书法、武术、国画等，定期举办与各类中华优秀传统文化相关的主题教育，如班会、竞赛和展示活动、社会实践活动、传统节日文化活动等，这有助于更好地发挥中华优秀传统文化滋养社会主义核心价值观教育的功能和作用。

班会——教师依据目标围绕社会主义核心价值观教育主题，通过多种组织形式对学生进行系列教育，唤起学生的情感体验，开展促进学生思想道德发展和行为改进的班级教育活动。

班会需结合学生在该项核心价值观的理解与践行中存在的问题进行设计。整个班会按照"贯通视角下所属学生的问题和需求是什么（针对性、准确性、意义和价值）—运用什么资源、从什么资源出发去做教育教学（传统文化资源点的选择、丰富性和厚重性）—把学生带到哪里，达成什么目标（核心价值观落点、正确性和有效性）"三个阶梯和一个完整链条进行思考、设计，然后实施。

班会设计一定要选取适合学生的内容，要避免填鸭式教学，让学生能够主动发表相关见解，教师需要提前预测学生的问题，并且做充足准备，确保在课堂上充分发挥主导作用。

以学生为主体，以教师为指导，围绕某一主题或一系列的主题开展有计划、有目的、形式多样、内容丰富的表现、体验、探究或实践教育活动。

针对中小学生有时不履行诺言的情况，班主任在主题班会上通过引入古代名言警句、寓言故事、历史故事等进行剖析，加深学生对诚信的深入认识和理解，让他们从小就树立诚信意识，认识到"人无信不立"，做一个诚实、善良的好学生。要知道诚信不仅是道德问题，还是社会问题，要让学生认识到失信于人有很大的危害。

综合实践活动——以中华优秀传统文化资源为载体，以社会主义核心价值观教育为目的，以多学科融合为重点，以贯通培养为特色开展社团建设、项目式学习及相关实践感知、体验活动。

定期举办传统文化艺术节，通过演、唱、讲、诵、写、画等多种形式，把传统经典搬上舞台、融进作品；利用春节、元宵节、清明节、端午节、七夕节、中秋节、重阳节等传统节日举办主题文化展览，让学生了解传统节日的丰富内涵，

不断增强文化自觉和文化自信。如低年级从戏剧《青鸟》《丝路永恒》的情境性、趣味性出发，了解中华优秀传统文化的源远流长和与世界的联系；高年级从"国家外交政策"倡议了解国家发展与国际融合的重要意义，了解国家发展的艰难历程以及所取得的辉煌成就，从而激发爱国情感，树立长大报效祖国的决心。

本篇作者简介

徐向东，北京师范大学亚太实验学校校长，北京市西城区第十二次、第十三次党代表大会代表。

跨学科融合为师生发展赋能

近年来，跨学科主题活动越来越成为深化基础教育课程改革需要突破的重点之一。《义务教育课程方案（2022 年版）》要求"各门课程用不少于 10％的课时设计跨学科主题学习"；《普通高中课程方案（2017 年版）》将"关联性"作为课程内容确定的原则。赵登禹学校遵循此原则，将跨学科课程的研究与开发作为重要内容，不断探索跨学科课程实践。

一、跨学科课程助力核心素养落地

核心素养可以比喻成课程发展的"DNA"，核心素养规定了课程改革的方向与宗旨，是课程改革的核心目标。

（一）核心素养是课程改革的灵魂

"核心素养"是一种终身学习的能力与修养，它既不是单纯的知识技能，也不是单纯的兴趣、动机、态度，而在于重视运用知识技能、解决现实课题所必需的思考力、判断力与表达力及其人格品性。换言之，"在学校的课程与教学中，基础的、基本的知识习得与借助知识技能的运用，培育思考力、判断力、表达力，应当视为'飞机的双翼'，同样得到重视"。

（二）核心素养明确提出了跨学科的要求

核心素养勾勒了 21 世纪新型人才的形象，直接规约了学校教育的内容与方法。突出核心素养需达到几个要求：将 21 世纪核心素养框架完整地融入国家或地区中小学课程设计中，形成一套体现核心素养理念的课程实施体系；设置跨学科主题，结合基于真实生活情境的跨学科主题展开课程内容；开发课程资源。

（三）跨学科课程的教学目标是核心素养和课程标准的具体体现

跨学科课程以学习者的生活经验作为基础构成，打破学科的框架、按"主题—探究—表达"的方式编制。跨学科课程的主题来源于学生的生活，是对社会的、经济的、技术的、生态的和道德的问题的认识，强调创新与创造力、信息素养、国际视野、沟通与交流、团队合作、社会参与及社会贡献、自我规划与管理等素养，内容虽不尽相同，但都是为了适应 21 世纪的挑战。

跨学科课程围绕一个各科有交集的主题，重建各学科的课程内容，这有利于学生习得人文、科学等各领域的知识和技能，这正是核心素养中的第一大素养——"文化自信"。运用不同学科的理论和方法解决共同性的问题，能形成事物的多视角认识、拓展理解世界的能力，应对复杂的现实问题，这类似于核心素养"通过体验、认识及内化等学习过程逐步形成、培养学生多思维、理性思维"的要求。

二、依托项目化学习推进跨学科课程实施

赵登禹学校现已开设"探访古北口""走进颐和园""打卡琉璃厂文化街"等跨学科课程。这些课程多采用项目化学习的方式推进。

下面以"在古御道中的民居设计"为例，介绍我们是如何带领学生进行跨学科项目化学习的。

（一）实施过程

确立选题：在古御道中选择一处位置设计民居。然后以小组为单位共同探究如何才能设计好民居，设计民居要考虑哪些问题。这时学生需要充分调动自己的知识积累去解决这个问题。首先要根据古御道的地理特点、自然环境选择一处位置；然后根据此处民居居住人员的情况确定功能区的划分，同时从需要什么样的建筑材料等方面考虑民居的实用性、安全性和美观性。在这样的思考路径下，学生的思考是逐渐加深的，考虑的因素越来越细致。最后各组还需要对本组的民居设计进行展示说明。

具体流程如下：

（1）确定主题

在古御道中设计民居。

（2）学生围绕主题查找资料、思考并提出问题

比如，在古御道中选哪个位置盖房子？房子的造型应该是怎样的？盖房子需要准备哪些材料？材料的来源是什么？房屋的各部分功能怎么设计？房屋的安全性怎样？风格是否符合主人的气质身份？房屋的装饰如何？……

（3）教师就学生提出的问题提供指导

房屋选址：提供古北口村的地理位置、周边自然环境……（涉及地理学科）

针对房屋的实用性：使用人数、功能区域数量……（涉及数学学科）

针对房屋的安全性：建筑材料、避雷针……（涉及物理学科）

针对房屋的美观度：黄金分割（涉及数学学科）、楹联（涉及语文学科）、环境美化（涉及生物学科）、与周边环境适切（涉及历史学科）……

其他要素：材料预算、各类施工成本、造价……（涉及数学学科）

整个主题项目的完成，学生自然要动用多学科的知识方法解决问题。当已有的知识方法无法解决问题时，学生就会去寻找新的解决方法。在寻找过程中，学生需要知道到哪里查找资料、问什么人从而解决自己遇到的困难。

这样的一个跨学科的学习过程，在关注核心知识的同时，让学生进行了一系列的社会性的、调控性的、审美性的、技术性的实践，最后生成自己的个性化的表达。这个学习过程需要的不是简单的知识的运用，更多的是知识间的相互调度。这些知识可以引发学生的学习迁移，这样的学习迁移可以达到举一反三的效果。

（二）任务手册内容分析

多学科的主题活动拼凑在一起，并不能促进学生心智的成长。真正的"跨学科"是要通过学科间的联系，共同解决问题，来达到对这些学科的深度理解的。

任务册中设置了大量开放性问题，通过问题的回答，老师可以发现不同学生在不同的知识和方法上的缺失。通过师生和生生之间的交流，每一个学生都可以获得解决问题的途径、方法并得出问题的答案。这些东西的获得对每一个学生都将有所启发。因为我们身处今天这样的一个社会，每一个人的需求是不一样的，而社会对于我们每一个人的要求也是不一样的。解决实际问题，重要的不是知道那些琐碎的知识，而是知道在什么时候、什么样的情境当中去运用这样的知识，从哪些途径可以获得这样的知识。这意味着我们不一定要孤立地去学习大量的基础知识，因为在解决实际问题的过程中会不断重新建构知识体系，让知识更有价值，而不是让我们割裂地学习琐碎的知识，为学习而学习、为训练而训练。

（三）课程评价

课程评价分为评价教师、评价学生两个层面。

对教师的评价项目包括：行前课、行后课、教学设计、个性辅导、小结、成果展示等；

对学生的评价分为过程性评价和结果性评价，通过学生自评、小组互评、教师评价实现。具体评价内容包括：心得感受、任务手册完成情况、行前课和行后课参与情况、活动前后变化、团队合作、与人交流等过程性评价内容；论文撰写、成果汇报、完成任务的水准、展示活动中的表现等结果性评价内容。

三、跨学科课程实施中的收获

经过多年的努力探索，我校的综合实践课程已由单一学科的实践活动，逐渐转化为多学科的综合实践课程，继而开发出以项目化学习方式进行的跨学科课程。在多年的实践中，无论是教师还是学生均受益匪浅。

（一）教师方面

在跨学科课程的建设过程中，教师增强了课程开发、实施能力，真正形成跨学科课程教师共同体。教师通过课程开发有了更强的跨学科意识，注意寻找问题情境中的学科交融性、内在逻辑性、情境熟识度，重建新的学科体系。

在课程的设计、实施、评价过程中，教师关注了社会，重新审视已有的教学经验和知识体系，重新思考本学科的知识价值，加深对本学科核心内容的认识；从而分析真实情景中的核心要素，运用多学科的方法、技能等解决问题。

在指导学生的过程中，教师真正地经历了一次科学研究的过程，对本学科知识进行了重新认识。

（二）学生方面

在解决真实问题的过程中，学生走出课本，走向生活，在研究具体问题中开拓思路，多角度思考分析；在小组探究的过程中，虽然每个人的意见不同，但求同存异，学生得到不同的感知和看法，提升了合作能力。除此之外学生还在以下方面得到发展。

一是学生成为学习和生活的主人，自主学习意识加强，学会与人相处、共同成长。

二是学生对自己的学习特长、性格和将来的职业诉求有了更清晰的认识，通过参与跨学科课程，认知更加全面、更适应社会。

三是学生经历了科学研究的整个过程，感受和习得专业研究的方式和方法。学生综合素质得到提升。

跨学科的综合实践课程涉及的内容，从行前课的知识储备到行中课的实践体验，再到行后课汇报展示，不仅巩固了学科相关知识，更是对教材内容进行了延伸与拓展。跨学科的综合性学习，使知识之间，知识与主体心灵、与生活之间原本的被碎片化知识给遮蔽了的有机联系得以重现。杜威认为，"学校科目相互关系的真正中心，不是科学，不是文学，不是历史，不是地理，而是儿童本身的社会活动。"多样的活动形式与亲身体验的过程，激发了学生的学习兴趣。让学生在"做"中加深理解，把知识综合应用于生活，并在感受课本知识应用价值的同时，提高了学生的问题解决能力。

作为"九年一贯制"学校，我校精心打造跨学科实践课程，让每位学生在各项跨学科实践课程中不仅开阔了视野，还提升了搜集信息，探究并解决问题的能力。同时，学生的综合素质在项目化学习的实践中得到了一次次提升，他们在完成中考试题中一些难度系数较高的题目时，更加得心应手，学校中考成绩连续多年在全区名列前茅。

四、跨学科课程实施的一点思考

随着工业社会的不断发展，学校逐渐走向高度的标准化和统一化。但是，当人类社会全面迈入信息时代，现代学校的组织优势正在退化，而劣势则在新的时代背景下更加凸显，尤其是标准统一、组织固化、运行机械化和在创新能力培养上的缺陷更是让学校饱受质疑。由于过于追求标准化，学校更像是一个生产学生的教育工厂，涌现出一批所谓"加工能力"强的学校。

今天，在这个不断变化和连接一切的世界，学生的学习需求越来越复杂化和多样化，如何为不同的人提供不同的教育，发展学生面向未来的核心素养，让学生的成长充满无限可能，已经成为时代赋予学校的全新使命。

教育现代化的终极价值判断是人的发展，是人的解放和主体性的跃升。不论是打破固化的教学组织形态，还是个性化、跨学科、面向真实世界的课程设计；所有项目的学习，都旨在为学生提供个性化学习体验，触及学生的内心世界，促成学生发展，使他们成为全面发展的人。

本篇作者简介

徐唯，北京市赵登禹学校教育集团校长，北京市优秀教育工作者，北京市丰台区第十五届、第十六届、第十七届人民代表大会代表；现任北京市教育学会初中研究分会副理事长，北京师范大学校长培训学院指导教师。

循道而行　追光而往

陈经纶中学教育集团帝景劲松分校是一所"九年一贯制"学校，一校五址，是陈经纶中学教育集团南部子集团的核心校，是均衡教育背景下"名校办分校"的典范。在"双减"及"新课标"的背景下，面对新的变化、新的挑战、新的机遇，帝景劲松分校势必要以更卓越的队伍、更优秀的学生、更优越的质量，向着"办人民满意的教育"的目标不断前进。

一、统筹校区新版图，把握发展新方向

（一）明确管理职责，落实管理效能

帝景劲松五校区在新学期师生人数已经达到 5400 余人，招生范围覆盖两个街道、四个社区，为本地区老百姓提供了更多的优质资源。由于学段调整，我们从最初的初中部的融合，进一步延展到中小学之间的融合。小学三个校区间的融合，中小学干部间的融合，一系列的变化要求管理职责更加清晰，才会发挥更好的管理效能。

一是继续坚持整分矩阵式的管理模式。进一步明确与加强德育、教学、行政横向间的管理力度，每月至少召开一次五校区的德育、教学、行政例会，分别由三位校长组织落实。每次例会有主题、有实效、有提升，其目的就是加强校区间的管理交流，提升管理质量，明确管理目标。

二是创新中小管理衔接模式。毓秀校区承载着第三学段的学段管理。面对中小差异，我们首先实现了中小干部的衔接：三个小学部的教学干部做到每天至少一名干部跟进六年级，听备课、听课堂、听分析，与初中教学干部同管理、共跟进。校区校长每周至少两次下校区跟进。德育管理完全与初中接轨。

（二）清晰学段目标，打造学段特色

帝景劲松分校将第三学段和第四学段按照校区进行统筹管理，三个小学部分别为第一学段和第二学段。

第一、二学段：将习惯养成作为首要基础工程，以学习习惯、行为习惯、生活习惯为抓手，以年级组为评价载体，以班级为实施载体，扎实落实。三个小学部以此为主题，校区间开展评比活动，看看哪个校区文明行为好、课堂习惯好、校风班风好、学习成绩好。

第三学段：突显衔接教育的特色，从管理、课程、活动、评价各个方面进行中小的融会贯通，本学段要形成一套完整的衔接教育体系，更好地为初中打好基础。

第四学段：以"中考"为目标，注重提升学生的思维成长与学科素养。在"压力"与"动力"之间，做好师生的平衡工作，着重促进评价工作的完善，尤其是学业评价要创新应用数字化系统，做到科学分析、精准施策。

二、打造队伍新样态，彰显作为新突破

（一）干部队伍建设

以"六观、五力、四情、三一、两德、一能"为着力点，打造干部队伍。

"六观"：大局观、责任观、奉献观、协作观、质量观、创新观。

"五力"：长学力、练笔力、提能力、抗压力、持定力。

"四情"：把握校情、了解学情、调研师情、关爱共情。

"三一"：学习上深一步、认识上高一筹、践行上先一招。

"两德"：守公德、立政德。

"一能"：政治能力。

（二）教师队伍建设

坚持"一个方向、两个重点、三种风气、四高素质、五自意识、六种精神"的方针，努力建设一支整体素质高，能适应21世纪教育现代化需求的教师队伍。

"一个方向"：把握好教育教学改革方向，实施"新课标"。

"两个重点"：抓师德、师能建设，使教师具有高尚的道德情操，高品位思想修养，较高的业务能力，娴熟的教学技巧和现代教学手段运用能力，以及对学生发展性评价的能力。

"三种风气"：学习之风，团结之风，实干之风。

"四高素质"：高品位、高学历、高能力、高成效。

"五自意识"：自律、自信、自尊、自强、自创。

"六种精神"：终身从教的敬业精神，勇于改革的创业精神，共同进步的协作

精神，爱生如子的园丁精神，奋发向上的拼搏精神，不计得失的奉献精神。

三、提质创优新目标，改革更新新举措

（一）"辨"凝点，形成百家争鸣"新格局"

"双减"及"新课标"的实施，促使教师的教学行为要发生改变。因此，我们倡导教师围绕着"疑点"进行思辨，只有通过这种"思辨"，才会让共识感更加稳固，更容易落地。因此，我们辨备法、辨教法、辨学法，我们在"备课组""青研会""杏坛同心"等不同共同体内开展思辨，倡导辨出"三种味道"。

甜味——在思辨中有所得、有所感、有所悟，对教学有直接的帮助。

咸味——在思辨中能够听到不同的声音，有质疑、有反驳、有建议，出现观点不一致、知识点不明确时，敢于直接提出，知无不言，言无不尽。

辣味——在知识性问题、本质性问题、态度性问题面前，敢批评、敢问责、敢要求，这是进步的前提，这是对知识的敬畏，也是真正的尊重。

学校通过系统规划的"读"，聚焦疑点的"辨"，很好地将"双减"及"新课标"的理念深入到每个人的思想，内化于心，达成共识。

（二）"析"特点，奠定析事明理"主基调"

新课改背景下，要提高教育教学质量，就要深入课堂，分析课堂；因为，质量来自课堂。而课堂也是每位教师每天都要工作的场域。所以立足于课堂的分析，会影响每一位教师的行动。"课堂质量中心"是学校围绕课堂所建立的诊断机构，由教育教学干部、备课组长及骨干教师组成，围绕课堂，去关注学生的思维。

关注思维的前提——践行单元教学，坚持整体视角。在教学中要"既见树木，也见森林"。

关注思维的起始——构建核心理论，把握学科概念。引导学生把握学科基本事实、思维和具体案例间的联系，构建学科的核心理论逻辑。

关注思维的激发——重视学生主体，重视情境任务。让学生在课堂探究中提升关键能力。

关注思维的推进——把握评价导向，推动学习进阶。通过过程性、多元化的评价，记录学习过程，体验阶段成就感和胜任感，调动内驱力。

（三）"研"经验，汇聚强队兴教"正能量"

随着时代的发展，变革将不再是一个特定时期的特定产物，而是一种生活的

常态。作为新时代的教师，需要能够适应持续变化的环境，能够保持持续更新观念、与时俱进的学习力。因此，我们通过研究教师成长的高度、深度、宽度，让教师具备一种持续成长的生命力。

教的能力、说的能力、选的能力、评的能力、析的能力。五种能力的历练成长，聚焦教师成长的纵向高度。

"骨干引领走课教研"，五校区的骨干教师在校区间流动走课教研，横向引领，发挥时效，促教师专业成长，促校区均衡发展，更好地聚焦教师成长的横向宽度。

立足于课题、成果、特色的梳理，促进教师逐步实现由"经验型"向"研究型"的转变，聚焦教师成长的内核深度。

（四）"追"时代，构建多元育人"新渠道"

时代呼唤基础教育转型升级，具体而言就是要提升人才培养的质量。我校立足于养成教育，从关注学生的主体性，观照学生精神世界，重视学生的内心体验和教育效果。从一个中心（立德树人）、两个重点（价值导向，行为引导）、三条渠道（课程渠道，活动渠道，文化渠道）、四个层面（学生层面，教师层面，家长层面，社会层面）进行养成教育的顶层设计。

四、绿意润德，松品立志

一所学校的优质发展，一定离不开文化的滋养所给予的持久力。帝景劲松分校一直以来以"实施精致教育，奠基幸福人生"为办学理念，经过这几年的融合发展，逐渐梳理出属于帝景劲松的校园文化主线——绿意润德，松品立志。

（一）绿意润德

绿意既是一种色彩的表达，也是一种内涵的渗透，绿色象征着生命成长的进程，赋予希望、生机与活力。我们通过"外显的特色与内在的蕴意"，让"绿意"渗透于学校的各个场域，渗透于师生的心灵、思想和行为，滋养师生德行的成长。

外显特色：我们通过校园的一抹绿、文创的一抹绿，充分体现绿意充盈在校园的每一个角落。

内在蕴意：我们通过绿意的表达式、绿意的人文性、绿意的时代性三个层面，将绿意这种内在的人文性充分体现。

（二）松品立志

在帝景劲松校园文化的打造上，我们还抓住"松"这条文化主线。古人认为：松枝傲骨峥嵘，且四季常青，历严冬而不衰。松品，指的是一种精神品质，即正直高尚、坚毅挺拔、生机勃勃。作为学校应该具备这种松的品质：教育教学的品质应"四季常青"；未来人才应"正直高尚"；学校的发展应"生机勃勃"。"松品"也象征着帝景劲松分校追求高品质发展的精神内涵。

松品立志践行在三个层面，学校层面即发展的标准，教师层面即施教的情怀，学生层面即成长的动力，在每一层面都结合了松的品质进行了内涵的诠释。

帝景劲松分校在融合发展的过程中，助推了学生的全面发展，孕育了特色课程体系，提升了教师的育人能力，被评为"京城基础教育百强学校""京城教育品牌中学""京城优质教育均衡化突出学校"，美誉度、认可度逐年提升，得到社会各界一致认可。在未来的发展中，帝景劲松分校必将循道而行，追光而往，再铸新的辉煌与佳绩。

本篇作者简介

徐琳，陈经纶中学帝景、劲松分校五校区执行校长。

秀水盈深彰锦绣　桐凤悦成谱新篇

　　金凤凰凌空傲宇，新国门壮美宏图。面对教育新纪元智能新时代，我校从新时代学校治理体系、新纪元优化教育体系、新发展人才培养体系等方面开启了创新实践探究，在踔厉奔赴的革新之路上，继往开来砥砺前行，桐花丹山一路争辉。

　　"悦成教育"让每一个学生悦纳自己、超越自己，为每一个学生体验成功、达成理想创造平台。遵循规律，涵养生态，为学生身心愉悦茁壮成长开辟天地，为党育人、为国育才，实现生命价值的最大化，实现办学效能的最大化。人生最大的快乐在于追求的过程，每个学生成长中都会遇到困难、挫折与挑战，从教办学要让学生在历练中依然充满热爱、饱有斗志、愉悦努力、向上向前，向着理想目标攀登进发。成就自我、成就他人、成就梦想，成为堪担民族复兴大业的国家栋梁。

一、六维七方，涵润生态

　　"悦成教育"聚焦"悦成教育六维七方"的构建，聚力学校管理者、教师、家长、学生、社会（区）五大教育主体，纵向从时间的维度、横向从空间的维度，聚焦学生核心素养、综合素质的提升。坚持德智体美劳"五育"融合，实现学生全面而有个性地发展。创建"纵向有效衔接，横向丰富多元"的一体化育人模式。

　　"悦成教育"旨在促进师生灵动的生命和丰盈精神世界的生成。每一个学生都可以实现人生价值的最大化，超越自我追求卓越地成龙成凤，即使无花无果也可以长成大树参天闪耀金色的华年，为民族复兴振兴做出最大的贡献。学校发展总目标是把学校建设成为以全面发展为特色，以精品育人为特质，学生愉悦成长，教师愉悦工作，管理科学民主，社会认同、人民满意、朝气蓬勃的现代化学校。

　　学校管理成立"横向到边，纵向到底"的纵横交织管理模式。作为一所初中校，我们是连接小学、高中的桥梁阶段，是学生成长的重要关键时期，是一个人生存、发展与幸福的基石。在这里初步形成他们的人生观、世界观和价值观，奠定他们成为社会主义建设者和接班人的思想、品德、情感、知识、创新精神与实践能力的基础和幸福人生的基础。这就要求我们必须为每一个孩子的愉悦成长、获得成功体验，理想达成、本领担当锤炼铺设培养路径，把"悦成教育"作为核心理念，并贯串于学校的一切工作之中。"以现代化为'轨'，以智慧化为'核'，凝心聚力，迈入'悦成教育新时代'的进阶时段。"这也可细化为：向上破局——强力推进现代化进程，建设智慧校园，实现跨越式发展；向下扎根——构建"五园"：学校建设成为学园、乐园、花园、果园和成长生态园。

学校构建"一五九"工程，打造高质量育人体系，推动办学效能的进阶优化。悦成教育美好卓越的探索，是对当前功利教育和应试教育的超越，是关注学生和教师的精神世界，将学校建成学生愉悦成长、教师愉悦锐进的桐凤悦成"铸梦源"。

二、三元九系，纳潜慧长

涵养生态，遵循规律；挖潜赋力，灵动激越；张扬个性，全面发展。学校坚持德智体美劳"五育"融合，逐步形成整体课程谱系，并以整体课程促进学生的核心素养（科学素养、人文素养、艺术素养和创新能力）的提升，实现学生全面而有个性的发展。我们的课程改革紧紧围绕提升学生核心素养与综合素质，形成"一核三元九系"的"一三九悦成教育课程谱系"，并逐步开发完善与整合优化。学校研发实施"课程谱系"，是学生所有学习活动的总和。学校要为学生提供丰富且可供选择的课程，创新人才培养方式，使每一位学生得到发展，实现"凤凰腾飞凌空傲宇，梧桐参天闪耀金色华年"的美好跨越。

国家课程校本化——课程改革的根本目的或者说主要任务，是推进国家课程的最优化实施，而国家课程最优化实施的唯一途径就是国家课程校本化。我们结合校情、学情和教情，制订了大兴六中校本资源库建设方案，逐步建成覆盖全学科、全学段、全章节的校本资源库。

学校课程兴趣化——学校课程是国家课程的补充，包括地方课程和教师开发的兴趣课程。我们依据教师的特长，同时借助多元资源，开设了太空种子、陶艺、戏曲、舞蹈、合唱、足球、机器人等多门课程。

特需课程个性化——特需课程是根据学生成长需要而设计的，包括学生职业规划特长课程、学校德育课程、项目式学习课程、微项目学习课程、研究性学习课程等。

项目式学习在六中英语组的实践探求中结出丰硕成果。语言项目学习也是当前将五大主体和育人优化的同步研进的流光溢彩。如：以教材中的话题为依托，设计贴近学生活动、形式丰富的语言项目学习，激发学生英语学习兴趣。七年级学生通过制作了家人相册，练习了与介绍家人相关的英语语言；八年级学生通过"解决问题"英语语言项目的学习，调查、分析、小组合作为班级中存在的最大问题探讨出了可行的解决方案；九年级学生通过完成"拯救地球"这一语言项目，发现身边存在的环境问题，小组讨论提出解决方法，然后实践该方法，报告解决问题效果如何，并进行改进。其包括小组分工、评价量表、学习任务单、活动设计实施、汇报展示等环节。

课堂教学是落实育人育才的主阵地，应该以学为基，以生为本，让学生成为愉悦体验目标达成的主人公。以教与学方式的转型推动深度学习，通过小组合作、学伴互助、合作探究，促进思维、实践、创新能力等不断进阶优化。教师是航标灯、筑梦师、领路人。在课堂里，有未来的科学家、体育冠军、医生、警察、工匠……我们创造的就是未来的世界。他们将守护我们的未来，也将延展我们的未来。我们用今天的时光，帮助他们拥有改变世界的力量。

三、丰盈溢彩，桐凤悦成

桃李蒸蒸，缤纷锦绣。大兴六中全体教职员工在各级领导的关怀指导下，在社会各界的大力支持下，外塑形象，内强素质，团结奋进，勇于担当，积极探究教育教学改革。教育教学质量稳步提升，育人成果日益凸显。

我校还为师生搭建七色展示舞台，促进"双减"模式下的育人转型升级。我校遵循教育规律和学生成长规律，促进学生全面发展。培养学生在科技、体育、艺术等方面的兴趣和素养，形成支撑终身发展、适合时代要求的关键能力与必备品格。陶艺、舞蹈、戏曲、书法、航模、海模、科技、艺术等精品特色课程缤纷学乐园，丰盈绽放。

近几年，大兴六中获得国家级、市级、区级多项荣誉奖项：中国教育学会优秀传统文化课程先进实验学校；全国数独示范校；北京市科研专项结题优秀校；北京市文化建设示范校；北京市中小学艺术节舞蹈一等奖；北京市学生科技节优秀组织奖；北京市养成教育验收先进校；北京市四星级健康教育促进校；大兴区中学双师在线辅导星级学校；大兴区中小学健康教育系列活动优秀组织奖；大兴区教育系统最具新媒体传播力奖；大兴区中小学课后服务优秀学生社团；大兴区文明校园；大兴区平安校园等。学校连续多年荣获大兴区中学教育教学工作一、二等奖；大兴区体育测试赛第一名；综合督导评价一等奖；大兴区学生实验技能大赛优秀校、物理一等奖等多项奖项。学生张扬个性全面发展，荣膺褒奖桐凤悦成。

　　成功之路在开拓者脚下延伸，大兴六中将再接再厉，传承革新继往开来，不断探索、勇于实践，办好人民满意的教育，在教育腾飞的革新时代中再创佳绩、勇立潮头。大兴六中人将在铸梦圆梦之路上踔厉奋发、阔步前行，谱写新时代教育的盛世华章。

---- **本篇作者简介** ----

　　贾建娜，北京市大兴区第六中学校长，全国初中骨干校长高研班成员。

专业引领家校共育，突显学校主导地位

在影响孩子成长的诸多教育因素中，家庭和学校是最主要的两个因素。家庭和学校教育配合的程度和质量，可能直接决定教育的成败。没有家庭和学校共同培养的教育不能被称为真正的教育。其中，学校作为专业的教育组织，在家校共育中应该占有主导地位。但在长期的教育实践中，人们对学校在家校共育中所占的主导地位，以及如何专业引领教师和家长进行家校共育，在认识和实践上都存在着很大差异。

家校合作是现代教育发展的必然要求。中关村第一小学在家校合作领域长期探索实践，以专业引领家校共育，实现学校主导地位。

一、家校共育现状分析

（一）没有家校共育，就没有真正的教育

在一个孩子的成长过程中，影响的因素很多。其中最主要的两个因素是家庭和学校。家庭是人生的第一所学校，家长是孩子的第一任老师，要给孩子讲好"人生第一课"，帮助孩子扣好人生第一粒扣子。教师是专业的教育工作者，学校是政府设立的专业教育机构。在对孩子进行培养的过程中，家庭教育和学校教育应当是和谐的，步调一致的，只有这样，我们才能实现家庭和社会对人才的期望，实现教育目标。试想一下，一位教师在学校尽力树立自己的威信，以实现对孩子的教育影响；而家长在孩子面前，言行举止却流露出对教师的不信任、轻蔑等态度，那么，这位教师的努力很难有效果。可以说，没有家庭教育和学校教育的合作，没有二者的共同作用，就没有真正的教育。

（二）教师和家长长期处于个体化经验状态

尽管家校共育如此重要，但是，如何进行家校共育？无论教师还是家长，都长期处于个体化经验状态中，在具体的教育实践中，教师和家长采取怎样的教育方式、参与教育程度的深浅，以及教育效果的好坏，往往取决于个体经验。

家校共育主要依靠教师来实施。教师在和家长沟通交流、进行教育的时候，以什么样的方式沟通，在哪些方面进行沟通，沟通的频率如何，最后达成怎样的效果，仅仅取决于教师个体的教育智慧和经验。有很大一部分教师，除了学校管理规定必开的期中（或期末）家长会，以及事务性的工作，很少主动就孩子的教育和家长沟通，除非孩子在学校出了问题，或给自己班级管理带来了麻烦，教师才被动地和家长交流。曾经有过这样的例子，有个学生对某科任教师有抵触情绪，长期不做该科作业，而该教师竟然长达一个学期也不与家长沟通。

就家长而言，在家校共育中缺少系统的学习，仅仅基于个体经验智慧进行教育，这种现象很普遍。在一个班级中，有的家长天天都要和教师联系，了解自家孩子在校情况；有的家长却害怕接到教师的电话，担心孩子在学校闯祸了；有的家长因为教师指出孩子存在的问题而有愠色……

可以说，无论是教师，还是家长，这种基于个体教育经验智慧实施的家校共育案例，并不少见。

二、家校共育中学校应处于主导地位

家庭打基础，学校固核心。作为专业的教育工作者，教师在家校共育中，应当占有主导地位。

在参与教育的诸多力量中，家庭是第一位的。一个婴儿是在家长的照料下率先开启心智的。学校是国家培养人才、家庭寄予厚望的地方，在任何时候都要承担起教育人、培养人的重任。

在家校共育中，学校的主导地位是毋庸置疑的。教师作为专业的教育工作者，必须用专业的素养去了解、分析和运用影响一个人的教育力量。教师应该成为教育实践中的核心力量，科学运用教育智慧，和家长通力合作，艺术地为每个孩子创造和谐的、向上的教育氛围。试想，作为教育者，我们看到，有的孩子因为溺爱，养成了很多不好的习惯，诸如挑食、鄙视体力劳动、无视他人、唯我独尊等。面对这样的孩子，教师不应该坐视不管，静待原生家庭做出改变，而是应该主动作为，引导孩子向好的方向发展。我曾经遇到一位称职的班主任，她用了整整四年的时间来引导在很多人眼里不可救药的一个孩子，最终取得了很好的效果。

中关村一小作为一所具有探索、研究和创新精神的学校，长期以来，主动承担了家校共育中学校应该承担的责任，在实践中实现学校的主导地位。

三、实现学校的主导地位，必须依靠学校对教师和家长的专业引领

（一）学校首先应该为教师提供专业指导、专业培训

要想在实践中实现学校在家校共育中的主导地位，实现为家、为党、为国培养人才的教育目标，学校首要任务是培训教师，提升教师的家庭教育专业化水平，让教师具备引导家长的能力和素养。

我们必须承认，长期以来，无论是师范教育还是继续教育，关注的几乎都是教师的学科教学，但在如何进行家校合作方面，对我们的教师指导得很少。作为学校的教育管理者，不断提升教师们在家校共育方面的素养和能力，是校长工作的一个必不可少的重要内容。

学校对班主任的专业引领是重中之重。中关村一小通过系列培训，如每月的"紫禁杯"班主任工作室、班主任咖啡分享时光，帮助班主任对现代家庭教育理念与发展有及时的认知与更新，高效解决来自教室内、校园内与学生家庭中的矛盾冲突和挑战。这样做的好处，在于把个体经验总结成集体智慧，促进教师们实践能力和创新能力的提升。

最近三年，我把中关村一小怀柔分校作为试点，在班主任队伍中开展家庭教育指导师的全员培训，实现集体持证，让每一位获得家庭教育指导师的班主任能够用专业素养，在家校共育中发挥主导作用，聚学校、家庭之合力，进一步落实立德树人根本任务。

（二）多种途径提升家长的教育素养

长期以来，我国在家庭教育这一领域缺乏专业的指导。然而，孩子在不同的成长阶段，需要家长不同的、科学的培育方法。对大部分新手父母来说，他们对孩子不同年龄段的发展特点及陪伴引导的方法并不了解，经常出现过度保护或过度放养等不利于儿童发展的问题。经过不断实践、研究与反思，我们对家校关系有了较为准确的把握，同时基于对儿童发展规律的了解与尊重，我们把对家庭问题的探讨转变为家校协同育人素养的提升。重点是采用多种途径，普及家庭教育知识，帮助家长做好家庭教育的专业引领与支持，从而赋能家长，提高家长教育能力，助力学生健康成长。

一是编制并充分发挥家长指导手册的作用。

基于在长期实践中的研究与反思，我校家校教育共同体通过自主设计家长指导手册，帮助家长学会学透，学以致用，为家长具备"持证上岗"能力提供支持

与保障。该指导手册涵盖每个年级的"好"家长的标准，以及成为"好"家长的九个锦囊，包括创设和谐家庭环境、形成好家风、明确好家规等内容。

二是抓好以"家长学校"为重点的一系列实践平台的建设。

"家长学校"是连接家庭和社会最有力的桥梁。家长的家庭教育专业化，主要依托于"家长学校"的建设。学校聘请家庭教育专家，定期为家长进行专业指导，开设了家长课程、家长导师等课程。学校心理咨询师为有需要的家庭提供个性化的指导与干预。同时也借助海淀区家庭教育大讲堂等校外支持平台，提升家长的学习力，提高育儿水平和能力。

目前，中关村一小怀柔分校在家校共育中形成了具有学校特色的实践成果：以家、校为核心的教育共同体的合作平台，逐步形成了以"知性、协作、共进"为特色的家长文化。作为中关村一小怀柔分校家校共育的倡导者、践行者和引领者，我的体会和感受就是在家校共育中，只有坚持以专业引领教师和家长的教育素养，才能实现学校的主导地位。

本篇作者简介

梁小红，北京市海淀区中关村第一小学西二旗分校校长，兼任中关村第一小学怀柔分校执行校长。

"三提"助力发展，践行素质教育

党的二十大报告再次强调"发展素质教育"，进一步表明了素质教育在我国教育中的重要地位。

作为教育工作者，实施素质教育就是要以党的教育方针为指南，以提高学生素质为目的，以培养学生的创意实践能力为重点，培养有理想、有道德、有文化、有纪律、德智体美劳全面发展的社会主义建设者和接班人。相信每个教育工作者都在办学实践中有着自己的思考和探索。以下以北京市第八十中学北皋分校的办学实践为例，谈谈我们在践行素质教育方面所做的尝试。

一、用办学理念描绘教育愿景

一直以来，学校坚持党的全面领导，不忘育人初心，立足核心素养，着眼于让每一名学生都得到可持续发展。我们牢记为党育人、为国育才的使命，秉持和传承北京八十中教育集团"一人一天地，一木一自然，让生命因教育而精彩"的办学理念，践行培育以体强身、以德修心、以美培元、以文启智、以劳念恩的尚美少年的育人目标，依法依规办学，深化尚美教育，促进干部教师专业成长、助力学生"五育"发展，推进学校从规范化向品牌化发展。

二、用办学策略践行教育理想

当前，随着《关于进一步减轻义务教育阶段学生作业负担和校外培训负担的意见》和《义务教育课程方案和课程标准（2022 年版）》落地，中国教育迎来新的时代和新的挑战。在这一背景下，我校抓住发展契机，牢记为党育人、为国育才的使命，确立了以学校整体发展为着眼点，以"三提"为基本策略，助力"双减"政策和"新课标"实施，落实立德树人根本任务，提升学校育人水平的工作思路。

（一）提高办学条件，优化育人环境

我校现有校舍由村民集资于 1993 年建成，属于借址办学，办学条件亟待提高。为此，我校对校舍进行改造修缮，努力改善办学条件，更好地服务学校教学

与生活。

一是基础环境全面升级。

面对学校办学的特殊性，在市、区各级政府的支持下，我校先后完成操场、教室、配电室、机房等硬件修缮，新增绿化面积近千平方米，进一步改善了办学条件，更好地发挥了育人功能。

二是育人环境体现"五育"精神。

我校在原有文化建设的基础上，依据学校育人目标，提出了"五域"建设：尚美运动馆、尚美小剧场、尚美书吧、尚美书画廊、尚美种植园，以此培育以体强身、以德修心、以文启智、以美培元、以劳念恩的尚美少年。从而增强学校文化内涵、提升文化品质，使育人效能最大化。

分域	功能	育人目标
尚美运动馆	开展各种体育项目，培养和锻炼学生运动兴趣和技能	培育以体强身、以德修心、以文启智、以美培元、以劳念恩的尚美少年
尚美小剧场	组织各种会演、展示、讲座，丰富学生的舞台体验，培养学生的审美情趣	
尚美书吧	观摩了解学校发展简史，知校爱校；徜徉于书的海洋，汲取知识	
尚美书画廊	组织各种书画作品展，搭建艺术成长平台	
尚美种植园	种植蔬菜，培养劳动习惯和园艺技能，以劳念恩	

（二）提升办学质量，夯实育人根基

不管是"双减"还是"新课标"，其目标就是重构教学体系，重塑教育生态，促进学校教育教学质量和服务水平进一步提升。我们从这些视角来思考学校的转型，以"见微知著"的态度进行实践。对学生来讲，要提高学生的主体性，培养在国家和社会发展中具有能动作用的人；对学校来讲，是育人功能的扩大和治理的现代化，促进学校品质的提升。为此，我们从"二评""三研""四课""五育"四方面开展探索实践。

第一方面——"二评"：学生评价，教师评价。

在 2020 年 10 月，国家下发了《深化新时代教育评价改革总体方案》，与原来相比，此方案在学校评价、教师评价、学生评价三个方面基础上，增加了上级政府对下级政府教育发展的评价，即区域评价，又增加了社会用人评价。在近一年的实践中，我校在学生评价和教师评价方面做了一些尝试。

学生评价："评"既是育人方式也是学习方式，是激发学生成长内驱力、提升教育教学质量的重要方式。作为教学目标的调整反馈和教学体系的最后闭环，

我校引领教师"评"要融入常态，做到课内课外两手抓。在课堂上，把评价还给学生。这里的评价是指师生评价、生生评价、小组评价。评价方式是三段式——评出优点、说出理由、给出建议。在课外，我校以少先队争章评选为抓手，从习惯、运动、公益等方面对学生进行评选，日复一日，童蒙养正，每月评选尚美少年。无论是课堂评价还是课外争章，作为一种实践与反馈的形式，都指向学生综合素养，为学生一生发展奠基。

教师评价："双减"背景下，如何做好教师评价，激活教师潜能，激励教师成长，是我校思考和研究的问题。主要做法有四点：

一是坚持把师德师风作为第一标准。通过制订师德负面清单和提倡做"五度"教师，引导教师教书育人，做"四有"好老师。

二是教师绩效工资改革。建立争先创优良性机制，通过绩效工资方案修订，切实增强多劳多得、优劳优酬的工作导向和机制。

三是突出教育教学实绩。通过教师评价积分制，引领教师扎实做好教育教学每项工作、上好每堂课、布置好每份课业、积极参加课后服务，把每一个学生都有实际获得感作为工作成绩。

四是制定弹性工作机制。参与课后服务的教师享受每周一次弹性下班和一次临时假，给教师们创设一个宽松的工作环境。

第二方面——"三研"：科研、考研、教研。

科研引航：坚持问题导向研究制度。针对课题研究，我校始终做到两化：一是将问题课题化，把具有代表性的问题列入研究课题，聘请相关专家对课题进行持续跟进式指导，以研究实践的形式解决学校发展和教师教育教学中的实际问题。二是将经验推广化，把课题研究出的好方法、好经验，通过骨干教师引领的方式加以实践和推广。

考研导航：坚持质量监控分析制度。面对纷繁复杂的教育教学工作，教师很容易走进"眉毛胡须一把抓"的误区。进行质量监控和分析，为教师教学指明方向、聚焦问题、精准发力。考试研究是我校教师必备的基本功。检测前，我们邀请相关专家，指导教师针对年度教学内容进行梳理、细化，聚焦要点难点，有效突破，并结合要点内容，出好模拟习题。检测后，我们会带领教师从做题、分析题开始，针对本班学生出现问题的内容进行深入研究，制订改进措施，助力学生查漏补缺，从而为后续教学提供参考。

教研护航：坚持大小教研双轨制度。没有方向的速度是致命的。在低头工作的同时，我们时刻记得抬头看路，找准方向。为此，我们实行大小教研制度。

大教研即专家指导，聘请各学科的特级教师、教研员等专家走进学校，走近教师，做面对面、一对一的培训指导，组织教师参加丰富多彩的教学大赛，为教师的专业成长搭台铺路。

小教研即同伴研学，组内教师就课堂中的小问题展开探讨，从问题到成因到解决方法，积少成多，持之以恒助力教育教学质量的提升。

第三方面——"四课"：课堂、课业、课后服务、课程体系。

不论是常态课、布置的课业，还是课后服务，都属于课程内容范畴，每一门课程的每一块内容，都是核心素养的延伸、细化和拓展。基于此，我校更充分地思考如何在尊重国家课程的基础上，优化统筹多方学习资源，打破刻板的教学模式，为学生的学习提供高质量的课堂、高质量的课业设计和高质量的课后服务，从而构建课堂—课业—课后服务"三位一体"的尚美课程体系，让学生在校园中体验多元化、多样化的成长环境。

师生共赢打造尚美课堂，学有所获。我校以学生口语表达为切入口，提出"三大三亮三还给"，让学生想起来、看起来、说起来、问起来、动起来，形成有切实获得感的尚美课堂。

"三大三亮"。针对学生不知从何说起、不知如何表达想法等普遍问题，从抓好口语表达入手，激励学生做到"三大"（大方站、大声说、大胆问），养成良好发言习惯。"三亮"（亮观点、亮理由、亮问题），训练学生有理有据地表达自己的观点。

"三还给"。一是把时间还给学生，让学生焕发活力，做到"五能"（能看懂的自己看、能学会的自己学、能说的自己说、能动手的自己做、能想的自己想）。学校借助这样的方式，一点点地引领和规范师生，让教师把应有的课堂时间还给学生。二是把过程还给学生，让学生突显智慧。在常态课上引领学生经历探究新知的整个环节，在动态的参与中水到渠成地掌握知识和技能。三是把评价还给学生，让学生学会反思。引导学生大胆表达自己的观点、自己的疑惑，对问题进行反思，形成良好的思维习惯。同时引入更多评价方式，比如同学点评、小组互评等多元评价方式，通过评优点、说理由、给建议的表达逻辑，让学生有了更多的参与机会，提升自信度。

课题研究推进课业改革，学有所用。

课业改革的本质是因材施教，分层作业，使每一个学生在课堂学习后能够进一步巩固和应用已学知识思考和解决问题，从而形成基本素养。为此，我校针对语数英三门学科，进行了"双减"背景下作业实践研究的课题申报。通过家校调研、专家指导、文献学习等方式，对我校作业布置与管理进行设计和改进，做到两个确保：

一是确保作业量不超。我们修订了作业管理方案，调整细化了作业管理要求，建立作业公示制度，严控各年级作业总量。

二是确保作业质提升。我校依据作业诊断、巩固、学情分析等功能，将作业设计纳入教研体系，通过专家指导、专题教研，引导师生设计分层作业。其中基础性作业（识记字词、背诵课文、口算、计算、单词、作家作品等），属于识记理解部分；发展性作业（思维导图、手抄报、诗配画、葫芦日记、走进博物馆等），属于理解应用部分；创造性作业（制作米尺、制作几何图形、制作游览地图、种植蔬菜、亲子作业等），属于灵活应用部分。

后续，我校还将致力挖掘学生潜能，发挥学生自主性，指导学生给自己设计作业、自主选择作业。总之，我校的课业研究与实践已从黑板转向生活，从任务转向应用，从单一转向综合，从自主转向合作，引领学生成长。

兼容并蓄丰富课后服务，学有所长。

高质量的课后服务不是简单地把课堂时间延长，而要通过设计有效、有趣、丰富的综合学习活动，真正让学生动起来、玩起来、创造起来，进而让高质量的课后服务成为课堂学习的有力助攻。我校以"五育"并举为基本宗旨，以兴趣为切入点，以"坚持课后补足课堂，学习要达标；课后对接课堂，学习须夯实；课后延展课堂，学习有所长"为基本原则，通过调研问需、统筹资源、打破班级、整体架构学校课后服务内容。课后服务分为两个时段，第一时段为15:30—16:30，以学科答疑辅导为主，兼有体育锻炼和劳动教育，补足课堂；第二时段为16:30—17:30，开展的是综合素质拓展活动，对接和延展课堂，引领学生学有所长。

课程领域	课后服务课程名称	分布年级	定位
学科拓展课程	绘声绘色的阅读、数独的魅力、古诗诵读、中华古诗词赏析、悦读书乐分享、扑克牌中的数学、奥数小知识……	1—6	补足课堂
非遗传承课程	空竹健身、打花棍、烙葫芦、葫芦丝、陶笛、剪纸、探索非遗匠心……	2—6	延展课堂
实践探究课程	有趣的二十四节气、钩织编织小能手、创意制作、神奇的魔方、微观摄影、荒野求生、儿童舞……	3—6	对接课堂
红色教育课程	讲英雄故事、看红色电影、走进红色教育基地、学习红色历史、故事里的古代生活史……	1—6	补足课堂
思维发展课程	数字游戏、围棋对弈、我是大侦探、有趣的思维导图、数独游戏、趣味表达……	1—6	补足课堂

第四方面——"五育":德智体美劳"五育"并举。

我校始终坚持"体育为基,德育为先,'五育'并举"的育人思路,践行"以体强身,以德修心,以文启智,以美培元,以劳念恩的尚美少年"育人目标,落实立德树人的根本任务,助力学生成长为社会主义建设者和接班人。

(三)提炼办学特色,深化育人品质。

我校从历史积淀出发,深挖属地、师生资源,梳理凝练学校的特色基因。最终确立了非遗传承的办学特色,即尚美育人,奠基幸福人生。

我校学生在完成国家课程的同时,二年级学习葫芦丝,三年级学习陶笛,四年级学习抖空竹,五年级学习打花棍,六年级学习烫葫芦,间插种葫芦和创作葫芦日记。学生们通过特色课程,在非遗项目中学会技能技巧,感受成长乐趣,提高审美情趣,传承非遗文化,感悟中华文明,根植爱国基因。以此打造学校非遗传承办学特色。

三、用小学成就促进学生发展

近年来,在全体干部师生的共同努力下,我校先后被评为第四批北京市文明校园,被认定为朝阳区劳动教育基地实验校,并荣获多种奖项。我校教师撰写的论文荣获国家级、市级、区级奖项 118 人次,荣获荣誉称号 24 人次,学生参与各项活动获奖 350 人次,两项研究课题荣获北京市教育学会研究成果二等奖。近两年来,我校学生的肥胖率和近视检出率下降了 3～7 个百分点。这些成绩的取得,更加坚定了我校更好更快发展的决心和信心。

站在历史交汇点,面对新时代的教育考问和需求,我们坚持回归育人本质,涵养识变之智、应变之方、求变之勇,不断研究探索教育教学改革机制,做出新时代具有校本特色的教育应答!

本篇作者简介

梅逊雪,北京第八十中学北皋分校校长。

创阳光智慧文化　育阳光智慧学子

北京市朝阳区教育研究中心附属学校，历经 60 年风雨，成为一所环境优雅、设施一流、师资雄厚、校风优良、管理精细、教风务实、学风浓厚、教育教学成绩突出的学校。学校荣获教育部首批"一校一案"典型案例校、全国冰雪运动特色学校、首都文明校园、北京市综合实践特色校、朝阳区素质教育示范校等荣誉称号。

一、办学理念先进凝练

学校将社会主义核心价值观融入日常，形成稳定办学思想体系，落实"天、地、人、合"发展思路，即天——先进办学理念；地——有效课程体系；人——持续队伍建设；合——高品质阳光智慧。学校四维度深化改革，推动可持续发展。

秉承"为学生而改变"的理念，学校以"育阳光智慧学子"为育人目标，将学生培养成具有家国情怀、包容大气，身心健康、富有朝气，善于学习、富有灵气，勤于践行、富有神气的优秀公民，且同时具有合作（cooperation）、沟通交流（communication）、创新思维（creative thinking）、批判性思维（critical thinking）的"4C"能力，既能传承中华优秀传统文化又有责任心。

学校用正能量文化引领发展，明确愿景、清晰章程、落实办学规划。作为区内部督导实验校，创建自查评估体系和评价机制。

学校建筑主体颜色为灰、红、黄，寓意"恢宏、辉煌"，在楼体、校徽、校旗等处体现。用绿植、立体花墙体现自然环保、安全健康、温馨舒适文化理念，使校园内草木砖石凸显办学特色。

学校在校园网、公众号基础上，与现代教育报、北京电视台等 30 多家媒体合作，提升影响力，办学理念得到师生家长、社会广泛认可。

二、组织机构健全完善

为学生而改变，成立一部三处，即课程部、教师发展处、学生发展处和服务保障处。课程部统筹进行课程活动顶层设计，整合校内外教育资源，协调校内外人员，联合强化与校外沟通，保证德育目标有效落实。教师发展处培训指导教师；学生发展处实施并评价；服务保障处做好实施保障、宣传及技术支持。

作为党组织领导的校长负责制试点校，充分发挥党组织政治核心和战斗堡垒作用，分析教职工思想动态，加强意识形态教育。党政分工合作、协调高效运行，按照"策划、实施、检查、改进"管理流程推进调整工作，连续多年被评为"朝阳区优秀基层领导班子"。

学校依法治校，民主管理，重建组织机构，统筹社会资源，"六会"（党总支委员会、校长办公会、行政会、学生会、教代会、家委会）共同治校。家委会、膳食委员会、社区等共育机构积极参与治理，跟进学校的政策实施，凝聚学生、家长、社区智慧。

三、教育教学立体多样

聚焦"4C"能力，立足"阳光智慧"课堂，根据师生需求和能力，构建基础型、拓展型、提高型和活动型课程，按照"人文与社会、艺术与审美、科学与创新、生活与健康"四个关键领域设计，凸显层次性。在确保学生健康成长的基础上，建构"阳光智慧"课程体系，形成"阳光智慧"课堂，引导学生形成健康生活意识，培养学生人文底蕴、科学精神和实践创新核心素养，在传承中华优秀文化中落实核心价值观。依据课标开展"阳光智慧"课堂学习六步骤模式研究，制定适合教学方法策略，培养学生逐步建立高阶思维模式。

推进教师开展大单元教学和全学科阅读课题研究，将前沿动态深入课堂，实现课程整合，完善学习评价，破解教学难题。借助点阵笔信息技术平台，倡导学生体验、合作、探究，提高学习热情和主动性，提升课堂效率，师生共同成长。

作为北京市综合实践特色校，以"阳光智慧学子，自主管理发展"为主线，落实立德树人，以"阳光智慧学子品质"为抓手，从"课程育人贯穿教育教学全程；文化育人营造阳光智慧校园氛围；活动育人塑造学生品质素养；管理育人助力效能提升；实践育人推动教育全面全程延展；协同育人优化教育途径"六个维度，系统构建教育教学活动，发展智慧文化，打造智慧型师生——学生学会智慧做人、智慧学习、智慧健体、智慧生活；教师学会智慧育人、智慧教学、智慧管理、智慧文化，推进阳光智慧教育。

结合德育课程、校本课程、主题教育活动、仪式教育、班级建设、课外活动、志愿服务、社会大课堂、名人讲座等方面贯串教育全程。

构建育阳光智慧学子品质培养体系（爱国、阳光；笃学、智慧；励志、创新），完善"一年级一主题"文化育人渠道，建立各年级"三星"评比表彰机制，引领学生全面可持续发展。以责任担当为主线开展公民素养教育，围绕珍爱生命、遵纪守法、团结友善、乐于助人设计课程。开设菜单式可选择体育艺术、戏剧心理、科技等40多个社团的课后服务，在实践中引导学生关注自然、社会、生活，提出问题，转化研究课题。构建劳动教育新样态，通过"建立基地、任务驱动、情景体验"方式，强化学生操作实践和体验认知。美育渗透各领域，定期开展中秋诗会、戏曲进校园等活动。积极参与全国及北京市创新大赛、金鹏科技论坛、艺术节、冰雪体育竞赛等活动，并获得诸多荣誉，真正实现教育的课内外、校内外相结合。

以促进学生发展为核心，构建四维度三层次的习惯养成教育内容体系；形成五主体四环节的习惯养成教育实施体系；创设三系列三周期的学生习惯养成教育评价体系。探索出基于"4C"能力培养的课程评价体系。

依托"阳光智慧"课程资源特色，向学区开放课程资源，与长沙市长沙县松雅湖中学建成友好校，帮扶新疆墨玉县雅瓦乡中学；每学期定期面向社会、家长举行线上、线下开放日活动，沟通交流共促学生健康成长。

四、师生自主自觉发展

分层推进教师队伍建设，按照教师实际情况，分为成长、发展、成熟三阶段，建立职业发展规划和职业愿景，认同并自觉践行学校文化，创新求变，科学应对。借助专家引领，强化教研、考研、科研意识，以教学策略为抓手深入思考，聚焦课堂，提升"三研"能力和教学水平，推动教师队伍整体提升。

实施导师带教制度，发挥骨干引领作用。骨干教师带动其他教师成长，形成合作研究氛围。结合课堂教学"集体会诊，成果共享"诊断性研究，加速问题解决，促进课堂改革，提高教师能力。

课堂实施小组合作式学习，在民主氛围中相互交流、主动探究、合作竞争、想象创造。以自主管理模式，班级文化建设促进学生发展，每周、月、学期、学年对合作小组进行评比表彰。

五、育人空间绿色智能

校园环境温馨优美，体现育人价值。学校设有心理咨询室、创客空间、传统文化教室、戏曲教室、生活礼仪教室、书法教室和电视台等。建立校外农耕实践基地,作为劳动教育资源有效补充。教室配有电子多媒体等信息网络设备,随时做到线上线下切换,疫情防控期间为居家学生提供远程教学互动,实现资源共享。各种体育设施齐全,可移动更新,具有绿色发展理念,满足社团和文化节、体育节、科技节等活动需要,满足学生全面而有个性地发展的需要。

学校楼体立体绿化,楼道教室绿植分布,有醒目文化标识,体现教育主题,年级班级文化标识由学生主体设计,连廊开放式图书馆浸润心灵,无障碍设施关爱特殊需求群体。

六、优势领域发展突显

依托区教科院高端平台,加快教师队伍建设,教育教学水平不断提升,骨干梯队基本形成。教师踊跃参加课题研究,将新技术、新方法与新观念融合,课堂大放异彩,区域示范性、辐射性不断增强。

办学质量不断提高,办学声誉不断提升,学校在德育、文化建设等优势领域成果颇丰。

"五育"并举,学生全面而有个性地发展,素质得以全面提升,多人次被评为市、区优秀学生。在全国、市、区举办的体育、艺术、科技、书法、诵读等活动中获奖。

学校加强现代治理,提升科学管理水平;坚持人才强校策略,创新培养路径平台;全面落实立德树人,扎实推进育人途径;挖掘师生思维潜质,持续提升能力素养,为办人民满意的教育,创建有人性、有温度、有美感、有故事的阳光智慧文化,为师生的可持续发展服务,实现育阳光智慧学子的目标。

------- 本篇作者简介 -------

喻江,北京市朝阳区教育研究中心附属学校校长,北京市名校长工作室成员。

读懂儿童数学教育思想，
构建适合儿童成长的友善育人环境

北京小学长阳分校有幸成为房山区吴正宪团队基础教育国家级优秀教学成果推广应用基地校，通过认识吴正宪老师的儿童数学教育思想，参照学校的育人体系加以转化，形成学校的学科实践体系，再到"以一带多"促进共同体学校质量提升，实践与成长让我们有了一些思考与收获。

一、我们的认识与思考

在吴正宪优秀团队和区级项目专家团队的陪伴与指导下，在学习践行吴正宪老师"好吃有营养"的儿童数学教育中促进教师的专业发展，我们深深地了解了吴正宪老师的儿童观、儿童数学教育观：儿童是活生生的人，儿童是发展中的人；儿童数学教育不仅要传授知识，更要启迪智慧、完善人格。伴随着吴正宪团队"儿童数学教育的实践探索"成果走进房山，走进每一所学校，我们也在与专家的对话中厘清了教育本质，即真正的教育是要遵循儿童发展的规律，我们也深感基础教育的育人使命之重。

二、我们的做法

（一）整体设计，构建"学—研—用—促"的转化路径

作为项目基地校，如何更好地将成果落实，做到生根、发芽呢？为此，我们构建了"学—研—用—促"的转化路径，即"启动宣传—项目驱动—专家引领—校内深研—学科实践—集团带动"。从推进内容、研修方式、平台搭建及成果梳理等方面，丰富教师的研修及教育教学策略。

（二）找准结合点，促进项目的多元转化

要使项目落地，就需要深入学习成果要义，结合学校现状的诊断与分析，精准找到结合点。为此，我们做了如下努力。

重构儿童观，促进学校文化内涵建设。吴正宪老师的儿童观和儿童数学教育

观是成果的核心理念，应该把核心理念浸润于每个人的内心，并融于学校的文化建设，渗进学校的方方面面，从而形成学校教师的气质和文化。因此，基于学校现状，我们开展了对成果的学习理解、内化与践行，对学校友善教育理念内涵做了进一步的丰富。从儿童成长规律出发，建立友善师生关系，完善了友善课程、学友课堂、和雅教师、友善少年等办学体系，办学特色逐渐清晰。

聚焦课堂，落实"好吃有营养"的理念与实施策略。围绕吴正宪老师的八大课堂实施策略的落实，我校跟随区级项目推进了四段式课例研修机制。聚焦儿童深度学习、儿童友好型课堂搭建及"新课标"的理念学习，已经经历了 10 轮的主题实践，做到月月有主题、周周有重点。学校更是依托八大课堂实施策略的学习与践行，从师生关系入手，建立"学友型"课堂四项标准，促进学生深度学习，形成了我校"学友型"课堂文化的特色。

一科带多科，构建全学科实践体系。为了将项目成果的作用发挥到极致，我们以数学学科为引领，将其研修的经验辐射到全学科，将吴正宪教育思想成果的研究、推广、应用作为教师专业成长的核心内容。在吴老师教育理念的引领下，老师们基于"新课标"理念，对教学内容进行结构化整合，努力探索发展学生核心素养的路径，形成了"向上生长，结伴而行"的全学科实践体系，促进了教师群体专业化发展。

分层培养，聚焦教师专业提升。在区项目团队的指导下，我校积极践行六大团队研修策略，并进行了校本化实施：名师引领—课例研修—课后访谈—同伴研修—"1＋10＋N"—资源建设。以此带动校本教研体系建设，激发了一线教师的研修热情，助力教师分层发展。

一校带多校，促进共同体学校质量提升。区项目组围绕吴正宪优秀成果的三个方面，开展了三个学期的深入推进工作，构建了"1＋49＋100＋N"研修机制，组建了 13 个共同体。我校作为共同体中的一员，积极发挥引领示范作用，同步带动 4 个成员校推进各项研究，开展以"读中悟—研中学—训中做—行中立"的共同体实践活动，抱团发展，协同共进。并且从教育集团的角度，将资源分享效益最大化，带动教育集团的教师和内蒙古突泉的教师们共同学习、实践、反思、成长。

三、成效与反思

项目推广以来，学校在吴正宪儿童数学教育思想的引领下，从办学品质、课程建设、课堂实施、师生素养提升等方面均获得了发展。

一是儿童数学教育思想得到教师们的广泛认同。

"儿童观、儿童数学教育观"成为我校师生共同的价值追求，"尊重、友好、善待"落实在每一节常态课、每一个育人活动中，形成了学校气质、教师气质。

二是优化了课堂实施策略。

教师能够主动学习、理解、应用八大课堂实施策略，积极开展促进儿童深度学习的课堂活动。学生在愉悦的氛围中更自信，乐于发言、敢于质疑，形成了学校"学友型"课堂文化，教师队伍也在实践的过程中走向研究。

三是学校办学影响力不断提升。

我校承办了多次国家级基地校活动，多位教师承担了全国示范区的培训任务，数学核心团队教师发表论文近 10 篇，展示优秀课例 20 余节，学校的成果推广经验在区域内发挥了辐射引领作用。

成绩只属于过去，未来依旧任重道远。接下来，我们还有更多的工作要做：

首先，继续深入领悟成果内涵，带动更多教师参与到转化与实践过程中，从而形成丰富多元的基地校推广经验。

其次，进一步找准契合点，以成果转化带动学校的特色发展。

总之，成果落地以来，北京小学长阳分校在成果的推广与应用上逐步形成了一些实践策略，同时也让我们深深地感受到：学校要以学生为本，把学生放在教育的正中央，让教育因为我们变得更加温暖而美好。

本篇作者简介

雷宇，北京小学长阳分校校长，北京市小学数学学科骨干教师，房山区德育先进工作者。

"爱慧教育"让生命精彩绽放

北京第二实验小学永定分校位于门头沟区新城发展的核心地带，原名为永定中心小学。学校秉承"爱为源、人为本、德树品、行增慧"的办学理念，逐步形成更加科学化、系统化、个性化的"爱慧教育"，激发了学校的办学活力，成为了一所不断生长、蓬勃向上的创新型精品学校。提升学校内涵发展、助力教师专业发展、实现学生全面发展。让师生在充满爱与智慧的校园中快乐成长，绽放精彩人生。

一、谋求发展开新局，创新管理提质量

学校对标国家、北京市及门头沟区教育发展目标，制订学校"十四五"发展规划，擘画未来发展蓝图。以"爱为源、人为本、德树品、行增慧"的办学理念为价值引领，将"慧"融入学校管理和家校合作当中，凝心聚力，由爱启慧，挖掘管理内涵，提高管理质量，提升管理品质，以管理催生新作为。

（一）党建引领促发展，科学管理开新局

坚持"精进·正品"的党建引领。强化基层党组织战斗堡垒作用，强化引领力、凝聚力、统筹力、战斗力。深化党建文化，多主体参与党的建设落实理念核心，科学系统地完善党建工作制度建设。落实党建统领，以党建带团建，以团建带队建统领学校工作，发挥党员的示范引领作用，多措施提高党员素质。擦亮党建品牌，抓好用好"红色门头沟"党建"金钥匙"，多形式开展党建工作，以丰富的活动为载体，开展"百年党史，红色基因"系列主题教育活动，开设"寻迹100知党史"红色微党课，厚植师生爱党爱国情怀。探索"党建＋"工作模式，激活学校发展新活力，提升学校治理水平和育人水平。施行"精细·创品"的学校管理。倡导"改变即创新，研究即工作，问题即课题"的管理理念，追求管理质量与管理效率，以精细化管理创建和谐共生的校园。打造"爱慧教育"文化品牌，践行立德树人初心使命，围绕"德""慧"两个育人目标，注重培养学生良好道德品性，关注引导学生优秀习惯养成。加强教师师德修养、学生道德素养，

引导师生向美向善、正言正行。

（二）"三个维度"谋策略，"四个落脚点"创品质

学校以寻找攻坚坐标系为第一维度，重点提高发展质量。将文化建设作为学校发展"原点"，内部建设为"纵深"发展线，外部建设为"横广"发展线，统筹各方资源，实现学校整体工作全面高质量发展。以点燃发展内生力为第二维度，积极践行发展理念。立足实际，挖掘文化内涵，形成系统的文化体系和更加标准、更加科学的育人氛围。以文化入心，加强文化精神引领点燃师生的发展内生力；以文化入行，加强文化理论与教育实践的融合，让文化理念在教育实践中落地生根。以打造管理新样本为第三维度，全面提升发展水平。系统评测学校管理体系，以标准化管理为抓手，优化管理生态、开放管理思维、创新管理路径、实现管理创效，打造管理新样本，提升学校整体管理水平。以文化立校、管理精校、质量强校、人才兴校为创新发展工作落脚点，增强学校文化核心竞争力，提升文化品质；努力建设充满生机的现代学校制度，提升管理品质；明确发展思路，提高工作水平，从管理、教学、课程等方面提升教育品质；构建教师发展共同体，提升人才品质。

二、以"双减"增实效，激发教师新活力

学校关注教师发展，重视教育教学研究，以推进"双减"工作为契机，导行立教，以行增慧。提高学校整体教育教学质量，为教师提供良好的成长路径，实现多元化发展，建设一支师德高尚、业务精湛、结构合理、充满活力的高素质专业化教师队伍，擦亮京西教育名片。

（一）双管齐下共发力，"双减"提质见成效

在进一步贯彻落实国家及市区"双减"工作要求下，学校统筹推进，主动创新。学校成立领导专班，组织全校干部教师认真学习"双减"工作要求，明确责任分工，力求在思想上正确认识，在行动上有力落实。发挥学校主阵地作用，以提升教育教学质量和教师队伍素养为抓手，双管齐下，以推进学生校内校外课业负担为重，双向发力，进一步提升"双减"工作力、领导力、设计力、执行力，提高教学质量、作业管理水平和课后服务水平，促进教育教学实现高水平高质量发展。

（二）多元成长促发展，精研促学双提升

以师德建设为核心，以教师专业化发展为主线，以提高教师队伍整体素质为

着眼点，以梯队建设与培养特色教师为侧重点，融入"双减"工作学习内容，营造促进教师全面发展的环境，探索促进教师专业素养和教学能力持续发展的新机制。引导教师时研时深，时精时进，师德师能双提升，增强职业归属感、幸福感。引导实施"精学·立品"的课堂教学。鼓励教师以学校"生本、对话、求真、累加"的课堂文化为基础，发挥"双主体育人"优势，精研细磨，盘活课堂资源，提升教学活力，打造高质量课堂，提高教师专业素养。全面塑造"精艺·树品"的教师。对标"四有好老师""四个引路人"的标准，加强教师师德修养，为教师量身打造个人发展规划，明确成长路径，提升教师能动性，激发教师队伍发展活力。倾力打造学校综合服务云平台、线上教师成长社区等学习平台，创新教研形式，直播优秀课例、组织教师网上研讨，实现资源智慧共享，鼓励引导教师提高自主学习能力，提升人文学科素养。扎实推进教师培养"翔云计划"，分层培养教师。成立各学科教学工作室，借助专家的资源优势力量开展学科教学研究，打造骨干教师；成立教师工作坊，形成学习研究共同体，引导教师共学共研共成长，开展师徒结对，"一对一"辅导，促进青年教师快速成长。实现以经验促进精研、以集体带动个人、以评价促进发展，为教师成长提供多元化路径和多层次平台，为打造优质教师团队注入新动力，激发新活力。

三、优质课程促实践，培养新时代少年

学校将课程建设与实施作为各项工作的重中之重，围绕办学理念和育人目标，以"基础＋拓展＋研究"的课程实施模式，打造优质特色课程，启智养德，用心育慧，为学生打好人生底色，助力学生全面发展，绽放精彩人生。

（一）强化优势，弥补短板，打造精品课程体系

学校以构建"精研·尚品"的课程体系为目标，不断优化完善，探索创新，逐步形成了有特色有品质的"一体两翼，三级六领域"育鹰课程体系。同时，进一步强优势补短板，优化课程框架，以做实基础类课程、做精拓展类课程、做亮发展类课程为三个聚焦点，加强基础性课程建设，发挥基础类课程的奠基作用；夯实拓展性课程建设，发挥拓展性课程的辅助补充作用；规范发展性课程建设，明晰课程目标，规范课程管理，追踪课程评价，关注育人品质和育人价值，突显课程亮点，为学生构筑立体成长空间，促进学生个性成长和全面发展。

"红色永定河"课程，是学校在近年来结合区域红色资源和学生个性化学习实践打造的特色精品课程。课程以门头沟区"永定河"为纽带，结合大讲堂、社会实践和主题研究等形式，为学生设计了根植于门头沟本土红色历史的特色课程内容，

让学生通过了解家乡的红色历史、学习体验家乡文化，感受到时代的飞速发展，知山、知水、知家乡，爱校、爱党、爱中华，厚植向真、向善、向美的家国情怀。

（二）为党育人为国育才，"五育"并举全面发展

学校坚持以立德树人为根本任务，全面落实新时代育人要求，以实现"五育"并举为目标，充分发挥多种渠道育人功能，培养"精彩·有品"的学生。重德育，提升学生道德品质。加强全员育人、深化课程育人、推动文化育人、完善评价育人，通过为学生量身打造成长手册、开展"集星争章"活动，培养学生良好道德品质。重思维，拓展学生学习能力。以科学设置的课程体系，培养学生良好的思维品质和注意力、思维创造力等方面的能力，培养良好学习习惯。重习惯，增进学生身心健康。推动体育课程改革、培养学生运动兴趣，养成日常锻炼习惯，引导学生建立合理的饮食结构和健康的生活方式，促进身心健康。重修养，提升学生艺术素养。培养学生感受美、鉴赏美、表现美、创造美的能力。加强艺术教育、抓好艺术学科课堂质量，创新打造特色课程，提高艺术审美情趣和品位。重能力，培养学生生活本领。以劳动教育助力学生树德增智，将劳动教育融入校园生活，与学科教学有效融合，并贯串家庭和社会实践，"家校社"协同发力培养学生劳动技能。重个性，奠基学生终身发展。依托各学科学习资源，打造学校精品社团，为学生搭建个性发展、特长发展的舞台，引导学生发现自我、树立自信，提升自主发展能力、解决问题能力、综合实践能力，为未来发展奠定基础。让学生实现全面发展，成长为有责任、有担当、有德行、有智慧的新时代学生。

本篇作者简介

谭峰，北京第二实验小学永定分校校长，北京市优秀教师。

尊重多样性是教育集团治理的基础

　　文化是教育集团的核心竞争力，是集团化办学的生命力所在。集团化办学要建立文化实现机制。但教育集团规模大、成员多，有多种文化因子并存，这使集团文化建设的实现策略和能力要求更高，在实践中操作的难度更大。

　　北京十八中教育集团在构建集团化办学的文化实现机制方面进行了积极的实践和探索，在秉承集团"聚·宽教育"核心理念的同时，坚持集团成员平等参与、平等发展和发展成果的平等分享，以开放的姿态包容集团文化的多元性，以自组织与他组织协同发展为保障，以传承、发展多样性课程为媒介，在多元文化的生态性碰撞中不断创新，探索出了一条集团化办学文化实现机制的全新路径。

一、建构平等与包容的集团文化

　　北京十八中教育集团目前由 5 个校区组成，每个校区坐落在城市化发展不同阶段的社区，加上不同的办学历史和学段特性，形成了各具特色的学校文化。如方庄校区的"幸福教育"、左安门校区的"进取教育"、西马金润校区（原角门中学）的"全人教育"、实验小学（原芳星园第一小学）的"全星教育"、嘉泰学校（原北京第一实验小学彩虹分校）的"孝悌教育"。

　　面对多种文化因子，如果简单地以某一校区的文化作为集团文化进行单向复制和输出，将成为一种"摊大饼"式的发展模式，存在较大的弊端。首先，这种文化同质化的过程会使得师生们不但对自身文化失去信心，而且因为陌生而对外来文化感到无所适从，将产生或明或暗的文化冲突。对集团成员校来说，这种文化发展模式可能在短时间内有一定的推动作用，但缺乏长期发展的动力。其次，这种文化发展模式会导致成员校办学特色不鲜明，容易出现集团文化"单一"和"同质化"的弊端，导致集团缺乏多元文化的生态性碰撞而失去办学活力。同时，单一的学校文化视野毕竟有限，难以适应大规模教育集团发展，势必形成教育集团的发展"天花板"，从而制约集团的发展。

　　面对这种情况，我们决定建设适应规模化发展的集团文化。首先，对集团成员校的文化进行了全面、认真的分析、提炼和整合，吸取了各自的精华。其次，从中华传统文化中吸取营养，弘扬《易经》中"君子学以聚之，问以辩之，宽以居之，仁以行之"的精神，吸取了《学记》的"敬业乐群""论学取友""离经辨志"的思想。最后，结合新的教育改革的指导思想，在集团全体教职工的积极参与下，提炼出了集团"聚学问辩，居宽行仁"的校训和"聚·宽教育"办学思想，其核心内涵是："以资源丰富的平台、宽广的锻炼舞台、贯通的学习台阶聚焦核心素养，为每个孩子在十八岁之前打下健康身体的底子、健全人格的底子、宽厚文化的底子、强大精神的底子，使北京十八中毕业的学生走出校门后如飞龙出渊，利己达人、创造幸福。"

新的校训和办学思想得到了集团各办学主体认同，成为集团联系的纽带，有效地避免了价值冲突和行为紊乱，增强了集团的凝聚力，也使集团进一步拓宽了教育视野，提升了教育高度，完成了教育理念的一次质的飞跃，成为集团发展的新起点，为集团的发展奠定了坚实的文化基础。

二、孵育开放的集团自组织文化

教育集团和各校区作为一种"他组织"，行使着教育的组织、管理职能，保证了集团教育、教学的有序进行。但是作为一个大规模集团化学校，内部必然会存在许多"自组织"，这些"自组织"发挥着文化融合、文化创新的作用。"他组织"与"自组织"相互促进，形成了"刚柔并济"的集团组织文化，从而保证了集团文化实现的效能和效率，成为集团文化创新的关键。

因此，在集团文化实现机制建设过程中，我们要从文化自觉的高度全力孵育集团的"自组织"文化。在北京十八中教育集团的"聚·宽教育"理念中，"聚"的一面强调尊重集团主体文化，以"聚·宽教育"文化引领集团文化建设，以集团代表大会"聚"教职工、学生和家长的"民意"，强化集团多元主体治理力度；"宽"的一面强调尊重各种校园文化，意在为各种各样"自组织"提供宽广的舞台，促进集团文化的广泛创新，以此拓宽集团的文化视野，为学生、教师的成长创造和谐的文化环境。例如，为了培育集团"自组织"文化，近年来，我们变"校本培训"为"校本研修"，在研修过程中实现了"三个打破"：打破了校区、学段和学科之间的界限。老师们自主组合形成主题聚焦的合作研修小组，这种小组具有教师专业发展共同体的性质和功能，是一种"自组织"。通过加强这种"自组织"性质的研修小组文化建设，推动了教师的专业自发性发展，打通了教师专业成长的内在诉求，唤醒了教师职业生命中的专业意识、教育意识、生命意识，激发了教师发展的内在需要和潜能，从根本上促进了教师专业的可持续发展和高层次发展。

再如 2017 年的"校本研修"，集团以教育教学诊断为依据，确定了 10 个主题的研修论坛，整个集团 360 多位教师根据自己的需求自主选择论坛，网上报名，进行自助式研修，使教师真正成为校本研修的主体，调动了教师研修的积极性、主动性和创造性，提高了教师研修的内在动力，实现了研修内容与研修需求的灵活对接、协调互动，使历时一个学年的研修过程亮点纷呈，精彩不断。

三、完善传承性的集团课程文化

在"聚·宽教育"理念引领下，集团聚焦学生核心素养，以培养"健康的体、温暖的心、智慧的脑、勇敢的行"的青少年为目标，从学生的发展实际需求出发，将国家课程、地方课程和校本课程全面整合，通过横向贯通开发、纵向衔接开发、纵横融通开发、教育技术推进等方式，形成了集团"十二年一贯制"的、德育、体育、美育与智育协调发展的"聚·宽教育"课程体系。

为最大限度满足学生全面而有个性化发展的需求，在实施"聚·宽教育"课程的过程中，集团创新出了"三走制"课程实施模式，即集团内校区间的走校制、校区内年级间和班级间的走班制、班级内小组间的走位制。学生根据自己的兴趣和规划有计划、有组织地选择课程，进行走校、走班、走位上课。

四、精心呵护集团文化生态

每个生命主体的自我成长过程都是一个文化传承和创新的过程，既不可替代更不可简单重复。教育要以协助每个人文化自觉为使命，从而实现文化的传承与创新。因此，营造氛围、涵养生态，才是智慧的选择，集团化办学的治理艺术要彰显文化自觉层次。所以，保护文化的多样性和以学习者为中心组织教育、教学是历史赋予我们的责任和时代赋予我们的使命，也是我们集团化办学过程中面临的重任。我们要积极创造条件，营造整体的、和谐的集团教育生态环境，鼓励良性竞争，互相学习、共同发展，让集团的每个文化因子都能在自适应的"生态位"上和谐发展、自由生长，呈现百花齐放的状态。

在集团文化建设过程中，我们从内、外两个方面对集团文化进行生态建设。

在教育集团的内环境建设方面，我们采取了以下两条措施：

给集团成员校平等的文化身份——刚融入集团的成员校，由于其原先的教育、教学薄弱，必然产生文化上的弱势，难免缺乏身份上的平等心态。名正才能言顺，集团成立后，我们首先进行了"正名"。我们将集团成员校分别称为"校区"，而不称"本部""总部"或"分校""分部"，给予了每个成员校平等的文化身份。

坚持集团集中与成员校分权的辩证统一——为了充分调动成员校的办学积极性，我们没有实行集团单一法人代表的集权管理模式，而是采取了多法人代表的治理模式。集团各治理主体共同遵守北京市第十八中学教育集团的相关章程，集团校长做到"不失位、不越位、不缺位、不错位"；既有集团统一的项目运行机制，又有成员校独立的项目运行团队；既有集团统一的标准和原则，以及基本要求和愿景追求，又允许不同校区、不同项目团队可以有不同的思想、内容与方略。集团与成员校权责分明，形成了集团集中与成员校分权辩证统一。

在教育集团的外环境建设方面，我们采取了以下两条措施：

积极动员社区参与集团事务——社区居民有参与创造优质教育过程的权利，当他们参与到这个共生共创的教育过程里时，他们对集团接受度和支持度就会更高，从而能够更加自觉地为教育集团的发展提供支持，人民满意的教育才能实现。比如，北京十八中教育集团人民调解委员会由集团所在社区的法庭、派出所、司法所、律师、居委会代表、教师代表、学生代表和家长代表组成，负责集团教育、教学纠纷的调解工作，并提供相应的法律服务和法制培训工作。人民调解委员会通过化解师生间、学生间、学生与家长、教师与家长的矛盾，营造了良好的校园环境，有效维持了正常的教学秩序，构建了和谐的教育环境。促使师生依法保护自身权益，正确处理同学之间、师生之间、家校之间的矛盾，成为联接和谐校园的纽带，最大限度地降低了学校治理失误的可能性。

建设社区文化圈——我们以方庄书院为纽带，打造"一刻钟学习圈"，加强集团与社区互动，建设成社区支持教育、教育辐射社区的生态文化圈。这是优化外部环境的重要措施。集团经常不定期派教师到社区学校、老年学校进行社区培训，邀请社区内的成功人士和名人到学校开设讲座和校本课程，面向社区举办校园开放周，与社区联合举办文化活动等，形成了社区理解教育、关心教育、推进形成终身教育的良好氛围。

五、积极涵养集团成员文化基因

集团化办学规模过大，必然会带来一定的弊端，一个教育集团不可能无限制地接纳新成员。所以，当一个集团成员校发展起来后，必然要及时重组新家庭（教育集团），以带动其他学校发展。同时，当一个学校在教育集团内的发展红利降低至接近于零的时候，它在集团内继续存在下去已无必要，也要及时退出集团独立发展，以便集团能够吸收、带动其他学校发展。

如果在集团纳新之初不注意涵养成员的文化基因，那么成员退出集团后就会缺乏强劲的发展能力，甚至会出现退不出去的情况，使集团难以及时瘦身。所以，教育集团必须涵养集团成员的文化基因，注意保护成员文化的独特性，要保护各成员校文化种类和层次的多样化，保护它们在集团化发展中的自身特色。

比如在接收芳星园小学为北京十八中教育集团附属实验小学的过程中，我们注意到了芳星园小学成熟的"全星教育"文化，即以每个人的身心健康、全面发展为重要旨归，具体分解为"星之德""星之智""星之体""星之美""星之动"五个方面。在实践中，以"立德星""启智星""健体星""尚美星""欣动星"为形式。芳星园小学在融入教育集团时，我们将"全星教育"文化与集团"聚·宽教育"文化进行了有效的衔接，成为集团文化中一个校区特色文化。这样就使集团文化更多元，更有层次，更容易激发文化的内在生命力。

当然，我们强调涵养集团成员校的文化基因，尊重、包容多样性，并非推崇个体主义价值观。各个利益群体自说自话、冲突对立、毫不妥协不是我们所追求的。

集团化办学承载着更多的历史责任和时代使命，要力戒"规模不经济"，力争"规模效益"；力戒"众智成愚"，力争"众愚成智"。不能单靠行政命令推进，要从教育集团的实际出发，在调查研究的基础上，探索建立适合自己发展的文化实现机制的有效路径。

本篇作者简介

管杰，北京市第十八中学校长，北京市特级校长；北京市优秀教育工作者，北京市优秀德育工作者。